Marianne Kelnberger

Aufsatz schreiben - erfolgreich und kreativ

Mit der Geschichtenmaus durch die Aufsatzarten der 3. und 4. Jahrgangsstufe

ISBN 3-89291-**587**-3

Vorwort

Mit dem Buch „Aufsatz schreiben - erfolgreich und kreativ“ haben Sie ein Werk zur Hand, das die gesamte Aufsatzerziehung in der dritten und vierten Jahrgangsstufe abdeckt. Die Themen und Lerninhalte sind dabei so ausgewählt, dass die Schüler Freude am Schreiben von Texten bekommen.

Die Geschichtenmaus führt die Schüler motivierend durch die verschiedenen Aufsatzarten. Sie taucht auf jedem Tafelbild auf und verweist auf besondere Merkmale und Stilmittel.

Dem Lehrer erleichtert das vorliegende Skript in hohem Maße die Unterrichtsvorbereitung.
Das Tafelbild vermittelt auf einem Blick die wesentlichen Inhalte der (meist auf zwei Stunden ausgelegten) Unterrichtseinheit.
Der Stundenverlauf stellt ein gedankliches Gerüst dar. Er zeigt eine Möglichkeit auf die Schüler zu motivieren und enthält alle Teilziele der Stunde. Gegebenenfalls wird auf fächerintegratives Unterrichten verwiesen. Trotzdem ist der Stundenverlauf bewusst kurz gehalten, um den Lehrer nicht unnötig einzuschränken.
Abgerundet wird jede Unterrichtseinheit mit Vorlagen für Folienbilder und Folientexte oder mit Arbeitsblättern, die meist der Sicherung, Vertiefung oder Arbeitserleichterung für den Schüler dienen.

Eine Würdigung ihrer Arbeiten erfahren die Schüler, indem die sauber geschriebenen und überarbeiteten Texte jedermann zugänglich gemacht werden. Dies kann z.B. damit geschehen, dass die Blätter in Klarsichthüllen geschoben und in einem Ordner in der Schülerbücherei gesammelt werden.

Ich wünsche Ihnen und Ihren Schülern viel Freude und Erfolg.

Marianne Kelnberger

PS: Mit dem Werk „Aufsatzkorrektur - leicht gemacht“ - von der Autorin ebenfalls im PB-Verlag erschienen - könnnen Sie sich Ihre Aufsatzarbeit weiter erleichtern.

Inhaltsverzeichnis

Erzählungen

Lerninhalt: Aufbau von Erzählungen

Kurzer Unterrichtsverlauf

Einstieg:
Folienbild (Folie 1, S.6): Schlüssellochgucker - freie S-Äußerungen (Stichwort: neugierig)
ZA: Heute wirst du den Aufbau von Geschichten kennenlernen.
Hauptteil:
1.TZ: Die Überschrift soll neugierig machen.
Folie 1 (S.6): verschiedene Überschriften
L: Welche Erzählung möchtest du am liebsten lesen? Begründe.
Erkenntnis: Am liebsten liest man Geschichten zu Überschriften, die neugierig machen. (TA)
2.TZ: Geschichten sind in drei verschiedene Teile gegliedert.
Folie 2 (S.7): durcheinander geratene Geschichte - S bringen die Sätze in richtige Reihenfolge.
Erarbeitung der Teile: Einleitung - Hauptteil - Schluss; Zuordnung der Sätze
Zeichnen der Geschichtenmaus (TA)
3.TZ: Nähere Betrachtung der einzelnen Teile
L: Die einzelnen Teile sind verschieden lang.
S: Einleitung und Schluss kurz, Hauptteil lang, führt zum Höhepunkt.
L: In der Einleitung führst du den Leser zur Geschichte hin. Auf der Folie 2 (S.7) siehst du einige Fragen. Überlege, welche du in der Einleitung beantworten solltest. Erk.: wer? wo? wann? (TA).
L: Im Hauptteil erzählen wir ausführlich, aber nicht so wie hier auf der Folie.
Erkenntnis: Wir erzählen der Reihe nach, was geschieht. (TA)
L: So wie der Körper unserer Geschichtenmaus immer höher wird, so soll auch die Geschichte immer spannender werden. Am Höhepunkt ist sie besonders spannend.
L: Du kennst den Schluss unserer Geschichte. Lies die Sätze auf der Folie. Welche treffen deiner Meinung nach auf den Schluss zu?
Erkenntnis: Der Schluss ist kurz und rundet die Geschichte ab.
Ausklang: Erzählen kurzer Geschichten zum Folienbild „Schlüssellochgucker“

Tafelbild

Meine Geschichtenmaus

Die Überschrift
Sie soll zur Geschichte passen und neugierig machen. Sie darf nicht zu viel verraten.

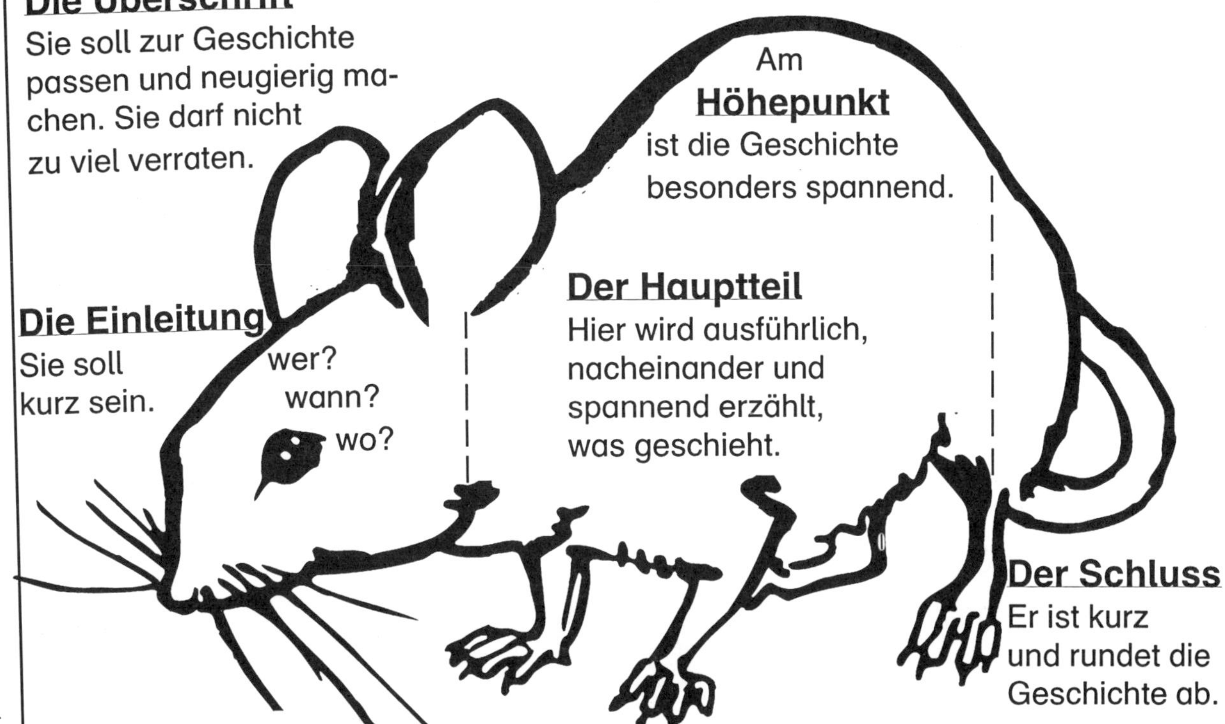

Folie 1

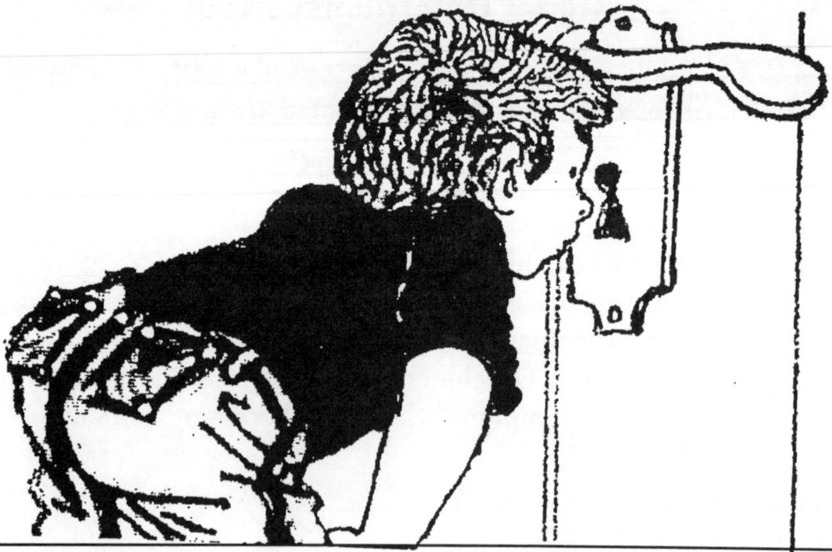

Peter schaut durch das Schlüsselloch.

Peter wird erwischt.

Peters Geburtstag

Peter ist neugierig gewesen.

So ein Pech!

Folie 2

- ○ Er kann Mutter sehen.
- ○ „Vielleicht kann ich schon etwas erblicken“, denkt er.
- ○ So muss Peter unverrichteter Dinge in sein Zimmer gehen.
- ○ „Pack schon aus!“, seufzt Peter leise.
- ○ Morgen ist Peters Geburtstag.
- ○ Plötzlich packt ihn eine Hand fest an der Schulter.
- ○ Ein großes Paket steht neben ihr.
- ○ „Wer wird denn so neugierig sein?“, fragt Vater lächelnd.
- ○ Neugierig schleicht er zur Wohnzimmertür und guckt durchs Schlüsselloch.

Nicht alle dieser Fragen muss ich in der Einleitung beantworten:

- ○ Wer spielt als Hauptperson in der Geschichte mit?
- ○ Was passiert alles?
- ○ Wann spielt die Geschichte?
- ○ Wo spielt sich das Geschehen ab?
- ○ Wie viele Personen sind beteiligt?
- ○ Wie ereignete sich die Handlung?

Das trifft meiner Meinung nach auf den Schluss einer Geschichte zu:

- ○ Mit dem Schluss runde ich die Geschichte ab.
- ○ Den Schluss schreibe ich besonders spannend.
- ○ Zum Schluss beginne ich eine neue Geschichte, damit der Leser weiter neugierig wird.
- ○ Am Schluss fasse ich mich kurz.
- ○ Zum Schluss beschreibe ich genau die Gedanken und Gefühle der Personen.
- ○ Am Schluss erzähle ich, wie die Geschichte endet.

Folie 2

④ Er kann Mutter sehen.
③ „Vielleicht kann ich schon etwas erblicken", denkt er.
⑨ So muss Peter unverrichteter Dinge in sein Zimmer gehen.
⑥ „Pack schon aus!", seufzt Peter leise.
① Morgen ist Peters Geburtstag.
⑦ Plötzlich packt ihn eine Hand fest an der Schulter.
⑤ Ein großes Paket steht neben ihr.
⑧ „Wer wird denn so neugierig sein?", fragt Vater lächelnd.
② Neugierig schleicht er zur Wohnzimmertür und guckt durchs Schlüsselloch.

Nicht alle dieser Fragen muss ich in der Einleitung beantworten:

- ⓧ Wer spielt als Hauptperson in der Geschichte mit?
- ○ Was passiert alles?
- ⓧ Wann spielt die Geschichte?
- ⓧ Wo spielt sich das Geschehen ab?
- ○ Wie viele Personen sind beteiligt?
- ○ Wie ereignete sich die Handlung?

Das trifft meiner Meinung nach auf den Schluss einer Geschichte zu:

- ⓧ Mit dem Schluss runde ich die Geschichte ab.
- ○ Den Schluss schreibe ich besonders spannend.
- ○ Zum Schluss beginne ich eine neue Geschichte, damit der Leser weiter neugierig wird.
- ⓧ Am Schluss fasse ich mich kurz.
- ○ Zum Schluss beschreibe ich genau die Gedanken und Gefühle der Personen.
- ⓧ Am Schluss erzähle ich, wie die Geschichte endet.

Lerninhalt: Geschichten schreibt man in der 1. Vergangenheit.

Kurzer Unterrichtsverlauf

Einstieg:
Folienbild (S.10): Indianer vor ihrem Zelt, S erzählen Indianergeschichten.
ZA: Heute werden wir uns ansehen, in welcher Zeitstufe Geschichten geschrieben werden.

Hauptteil:
Hinführung
L: Häuptling Weiße Feder erzählt seinen Kindern auch eine Geschichte.
Konfrontation mit Textblatt (S.11) - spontane S-Äuß.
Wdhg.: Aufbau von Geschichten: Einleitung - Hauptteil - Schluss
1.TZ: Geschichten schreiben wir in der 1.Vergangenheit.
L: Weiße Feder hat die Geschichte für seine Nachkommen auch aufgeschrieben. Den Anfang kannst du hier lesen (vergl. TA).
L. Vergleiche die mündliche Erzählung des Häuptlings mit dem Anfang der aufgeschriebenen Geschichte. Weiße Feder hat etwas verändert.
Erkenntnis: Beim Aufschreiben hat der Indianer die 1.Vergangenheit verwendet. (TA-Maus)
2.TZ: Bestimmen der Vergangenheitsform der Verben
L: Wir können dem Häuptling beim Aufschreiben der Geschichte helfen. Unterstreiche dazu in der mündlichen Erzählung alle Tunwörter in der 2.Vergangenheit. - S unterstreichen.
L: Du weißt, wie diese Tunwörter in der 1.Vergangenheit heißen.
S nennen die Formen, L notiert an TA, S notieren auf AB in die Indianerfedern (vergl. S.12).
3.TZ: Schreiben der Geschichte in der 1.Vergangenheit
S schreiben, korrigieren in Schreibkonferenzen (s.h.), lesen vor.
Falls Schüler Zeitformen mischen, dieses aufgreifen; ansonsten Arbeit auf Folie 1 (S.10) zeigen.
L: Bei dieser Geschichte fällt dir etwas auf.
Erkenntnis: Zeitformen dürfen nicht gemischt werden. (TA-Maus)
evtl. Korrektur eigener Arbeiten

Tafelbild

So schrieb Häuptling Weiße Feder die Geschichte auf:

Es war ein strenger Winter. Menschen und Tiere litten unter starkem Hunger. So ...

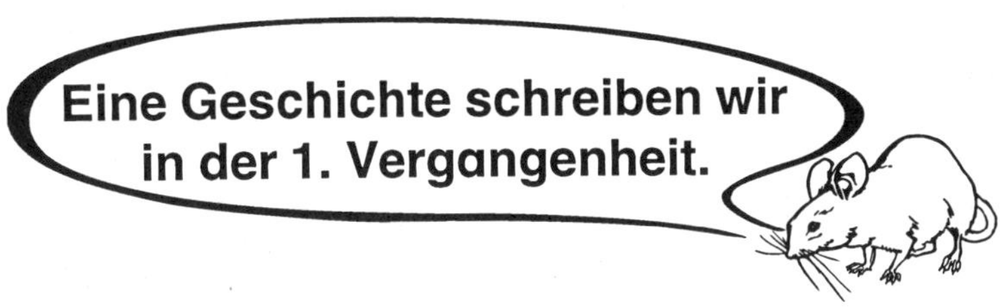

war, litten, gingen, blieben zurück, sprangen, erwischten, entfachten, versuchten, ließen, war, hörte, kam zurück, packte, schleuderte, zogen ab, rettete

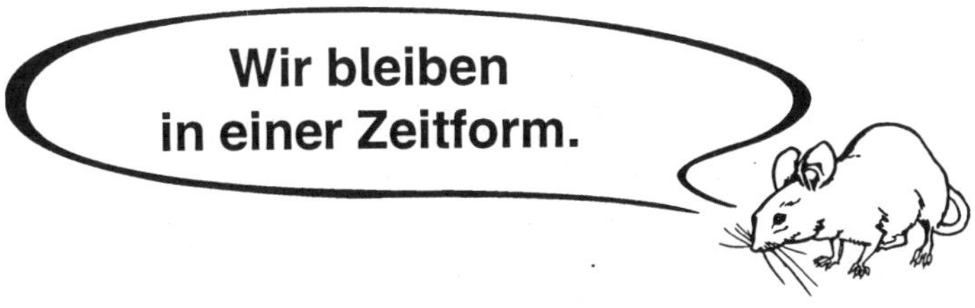

Folie

Krieger Brauner Bär

Indianer auf Büffeljagd

Kinder und Frauen im Tipilager

Zu verbessernde Arbeit:

Rettung in letzter Minute

Es war ein strenger Winter. Menschen wie Tiere litten unter starkem Hunger. So gingen die Männer alle zur Jagd. Nur die Kinder, Frauen und Alten blieben zurück. Plötzlich sprangen von allen Seiten knurrende Wölfe hervor. Sie haben gleich einen der Dorfhunde erwischt. Sofort entfachten die Frauen ein großes Feuer. Mit brennenden Ästen haben sie versucht, die Wölfe abzuwehren. Doch die Bestien ließen sich nicht vertreiben. Ihr Hunger ist zu groß gewesen. Zum Glück hat Brauner Bär das Heulen der Wölfe gehört. Er kam auf schnellstem Weg zurück. Er hat sofort den Anführer des Rudels gepackt und ins Feuer geschleudert. Sogleich zogen die Wölfe mit eingezogenen Schwänzen ab.
So hat Brauner Bär sein Dorf gerettet.

Deutsch

Textblatt

Rettung in letzter Minute

Häuptling Weiße Feder erzählt seinen Kindern eine Geschichte von einem besonders mutigen Indianer seines Stammes, Brauner Bär.

Es ist ein strenger Winter gewesen. Menschen wie Tiere haben unter starkem Hunger gelitten. So sind die Männer alle zur Jagd gegangen. Nur die Kinder, Frauen und Alten sind zurückgeblieben. Plötzlich sind von allen Seiten knurrende Wölfe hervorgesprungen. Sie haben gleich einen der Dorfhunde erwischt. Sofort haben die Frauen ein großes Feuer entfacht. Mit brennenden Ästen haben sie versucht, die Wölfe abzuwehren. Doch die Bestien haben sich nicht vertreiben lassen. Ihr Hunger ist zu groß gewesen. Zum Glück hat Brauner Bär das Heulen der Wölfe gehört. Er ist auf schnellstem Weg zurückgekommen. Er hat sofort den Anführer des Rudels gepackt und ins Feuer geschleudert. Sogleich sind die Wölfe mit eingezogenen Schwänzen abgezogen.

So hat Brauner Bär sein Dorf gerettet.

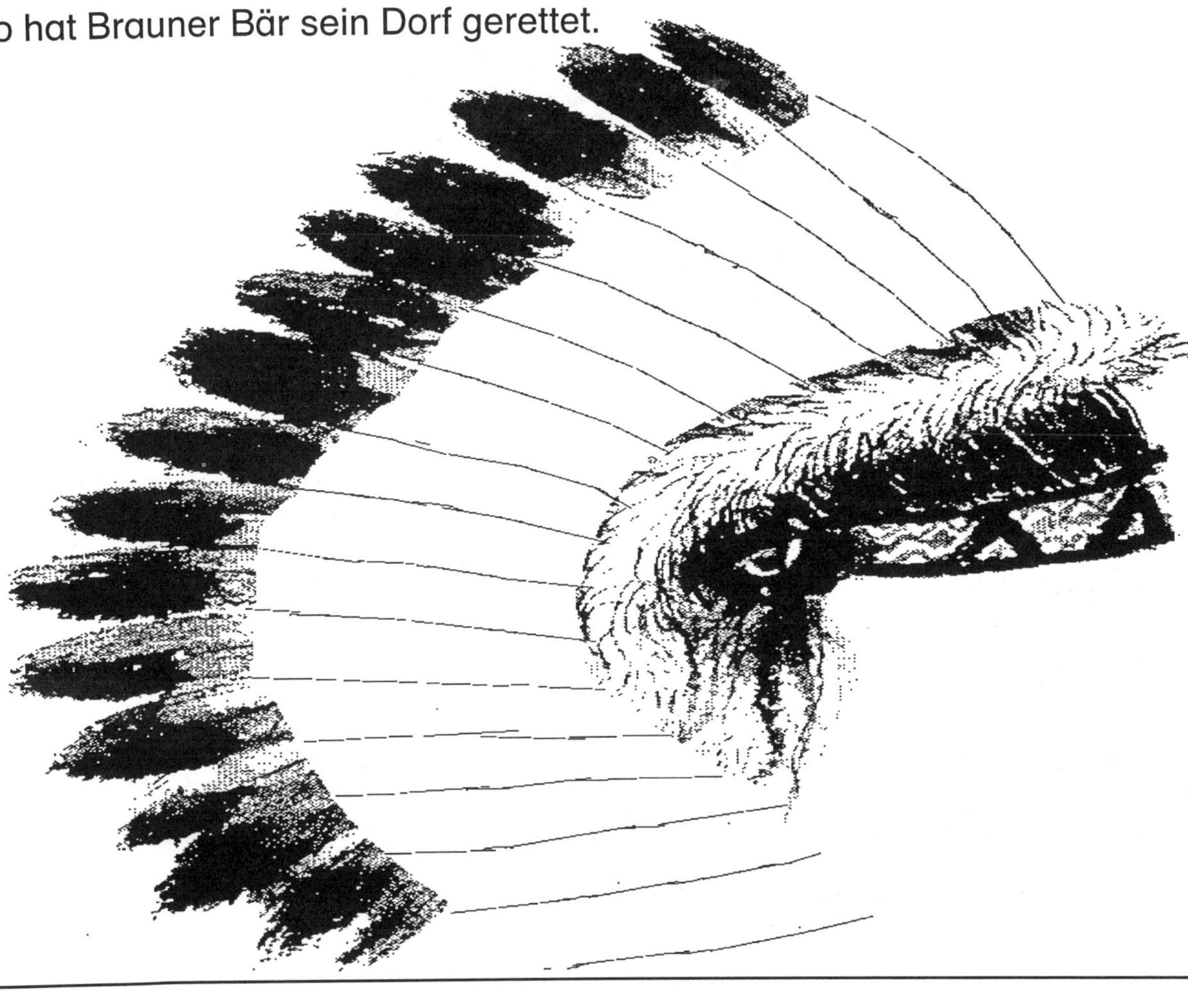

Deutsch		

Textblatt

Rettung in letzter Minute

Häuptling Weiße Feder erzählt seinen Kindern eine Geschichte von einem besonders mutigen Indianer seines Stammes, Brauner Bär.

Es ist ein strenger Winter gewesen. Menschen wie Tiere haben unter starkem Hunger gelitten. So sind die Männer alle zur Jagd gegangen. Nur die Kinder, Frauen und Alten sind zurückgeblieben. Plötzlich sind von allen Seiten knurrende Wölfe hervorgesprungen. Sie haben gleich einen der Dorfhunde erwischt. Sofort haben die Frauen ein großes Feuer entfacht. Mit brennenden Ästen haben sie versucht, die Wölfe abzuwehren. Doch die Bestien haben sich nicht vertreiben lassen. Ihr Hunger ist zu groß gewesen. Zum Glück hat Brauner Bär das Heulen der Wölfe gehört. Er ist auf schnellstem Weg zurückgekommen. Er hat sofort den Anführer des Rudels gepackt und ins Feuer geschleudert. Sogleich sind die Wölfe mit eingezogenen Schwänzen abgezogen.

So hat Brauner Bär sein Dorf gerettet.

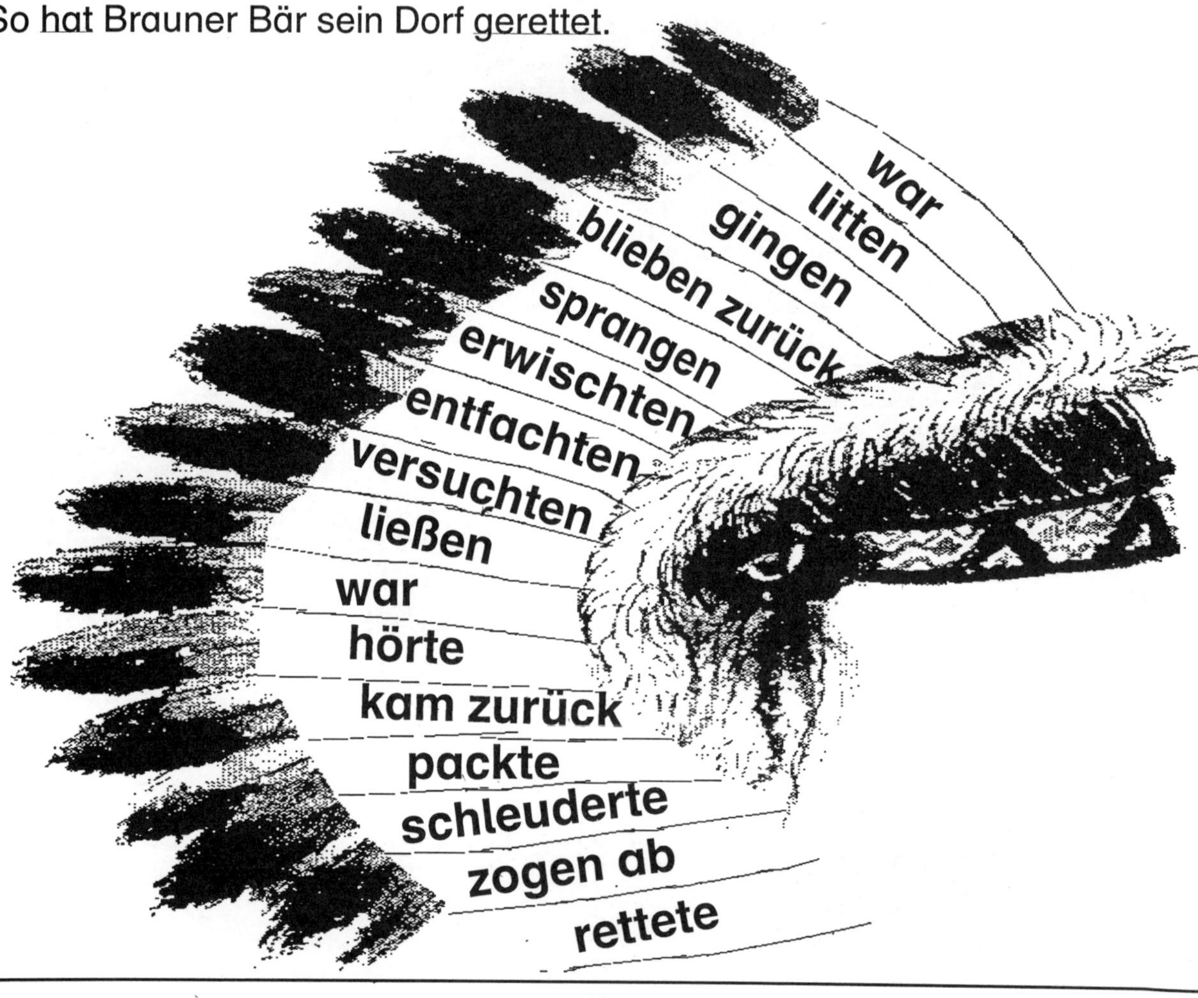

Lerninhalt: Mit Wiewörtern wird eine Geschichte lebendiger.

Kurzer Unterrichtsverlauf

Einstieg:
Folienbild (Folie 1, S.14): entnommen aus: „Das kleine Gespenst" von Otfried Preußler - S-Äuß.

Hauptteil:
Hinführung
L-Erz.: Der Bürgermeister findet das Gespenstergerede vollkommen lächerlich. Als das kleine Gespenst das hört, ist es um seine Beherrschung geschehen.
L: O. Preußler erzählt die Geschichte hier besonders spannend.- S lesen (Folie 2, S.15).
ZA: Wir wollen heute herausfinden, wie Otfried Preußlers Geschichte so lebendig wird.
1.TZ: Wiewörter machen eine Geschichte lebendig.
L: Vielleicht hast du schon eine Idee. - S-Äuß.
Präsentation des Vergleichstextes (Folie 2 unten)
Erkenntnis: Otfried Preußler verwendet Wiewörter.
Gemeinsames Unterstreichen der Wiewörter und Mittelwörter im ersten Text
L: Lies nochmal beide Texte leise für dich durch und überlege, welchen Tipp uns unsere Geschichtenmaus geben kann, damit eine Geschichte an ihrem Höhepunkt besonders spannend wird.
S formulieren Tipp, L notiert an TA (Geschichten-Maus), S auf AB (S.16).
2.TZ: Finden treffender Wiewörter für eine Gespenstergeschichte
L: Du darfst heute selbst wie Otfried Preußler eine Geschichte erfinden, in der das kleine Gespenst jemandem einen Streich spielt. Überlege dir zusammen mit deinem Nachbarn, welche Wiewörter für eine Gespenstergeschichte passen könnten, und schreibe sie in die Gespenster auf deinem AB (S.16).
PA - Sammlung von Wiewörtern, Notation auf AB; anschl. Besprechung, L notiert Bsp. an TA.
Anwendung: Schreiben einer eigenen Gespenstergeschichte unter Beachtung des Aufbaus, 1. Vergangenheit und Ausschmückung mit Wiewörtern

Tafelbild

Das kleine Gespenst
v. Otfried Preußler

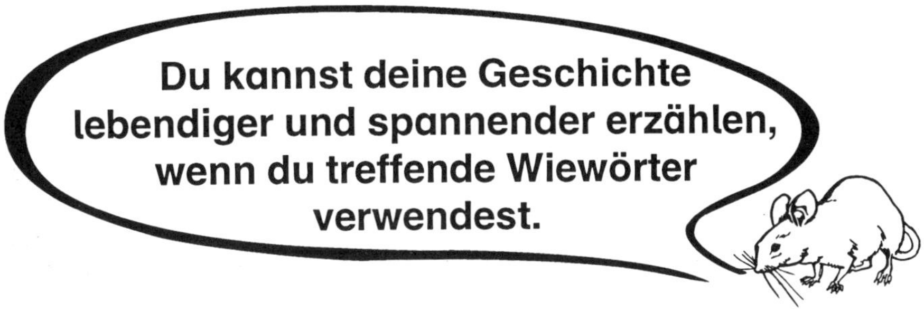

groß, riesig, unheimlich, leise, dunkel,
aufgeregt, zitternd, ängstlich, starr, fürchterlich,
furchtbar, entsetzlich, schrecklich, schaurig,
grauslig, gespenstisch, gespannt,
erleichtert, erstaunt, mutig .... o.a.

Folie 1

aus: Das kleine Gespenst
von Otfried Preußler, Thienemanns Verlag,
Stuttgart 1966

Folie 2

„Das kleine Gespenst“ - Ausschnitt aus dem Kapitel:

„Vorsicht, Herr Bürgermeister“

nach Otfried Preußler

„Hu-huuuuuuh!“, rief das kleine Gespenst dröhnend in der leeren Ratstruhe. Der Bürgermeister zuckte erschrocken zusammen. Dann hob sich der Truhendeckel - und langsam, ganz langsam begann sich das kleine Gespenst ächzend und stöhnend in der Truhe aufzurichten. Dabei blickte es dem Herrn Bürgermeister mit seinen weißen Augen starr ins Gesicht. „Hu-huuuuuuh!“, rief es abermals laut und klagend. Da packte den Bürgermeister das kalte Grausen und er japste laut nach Luft. Unfähig sich zu rühren musste er zusehen, wie das kleine Gespenst flink aus der Truhe herausstieg und schlüsselrasselnd das Zimmer verließ.

Vergleichstext
„Vorsicht, Herr Bürgermeister“

nach Otfried Preußler

„Hu-huuuuuuh!“, rief das Gespenst in der Ratstruhe. Der Bürgermeister zuckte zusammen. Dann hob sich der Truhendeckel und das Gespenst begann sich in der Truhe aufzurichten. Dabei blickte es dem Herrn Bürgermeister mit seinen Augen ins Gesicht. „Hu-huuuuuuh!“, rief es abermals. Da packte den Bürgermeister das Grausen und er japste nach Luft. Ohne sich zu rühren musste er zusehen, wie das Gespenst aus der Truhe herausstieg und das Zimmer verließ.

Deutsch		

Wir schreiben eine Gespenstergeschichte

Eine Geschichte wird ________________ ,

wenn wir ____________________verwenden.

Lerninhalt: Vergleiche wirken besonders lebhaft.

Kurzer Unterrichtsverlauf

Einstieg:
Folienbild (Folie 1, S.18): Erzählen oder Lesen einer Münchhausen-Lügengeschichte

Hauptteil:
Wdhg./Hinführung:
L: Münchhausen erzählt seine Lügengeschichten immer besonders spannend und anschaulich. Du weißt schon, welche Wortart Geschichten besonders lebendig macht.
S-Äuß.: Gebrauch von Wiewörtern
ZA: Auch Münchhausen gebraucht viele Wiewörter. Wir wollen heute aber noch etwas herausfinden, was seine Geschichten so fantastisch werden lässt.
1.TZ: Vergleiche machen eine Geschichte lebendig.
Lesen der Ausschnitte auf Folie 1 (S.18) unten
L: Vielleicht hast du schon eine Idee, zu welchem Mittel Münchhausen greift. - S-Äuß., evtl. L-Hilfe durch besondere Betonung der Vergleiche beim nochmaligen Vorlesen
Erkenntnis: Münchhausen beschreibt sehr anschaulich und gebraucht viele Vergleiche.
Unterstreichen der Vergleiche in den Textausschnitten
L: Wir können Münchhausens Vorbild folgen und unsere Geschichten am Höhepunkt besonders spannend gestalten. Du kennst den Tipp unserer Geschichten-Maus.
S formulieren Tipp, L notiert an TA (Geschichten-Maus), S auf AB (S.19/20).
2.TZ: Finden / Kennenlernen treffender Vergleiche
L: Wenn du gefährliche Abenteuer oder tollkühne Streiche erzählen willst, sind Vergleiche vortrefflich dazu geeignet, dass deine Geschichte unterhaltsam und lebendig wird.
L: Wir verwandeln uns jetzt in kleine Münchhausens und überlegen uns treffende Vergleiche.
AB in PA oder GA - Überlegen von Vergleichen, Notation; anschl. Besprechung, L notiert Bsp. an TA.
Anwendung: evtl. Erfinden einer eigenen kurzen, fantastischen Lügengeschichte

Tafelbild

Münchhausen erzählt Lügengeschichten

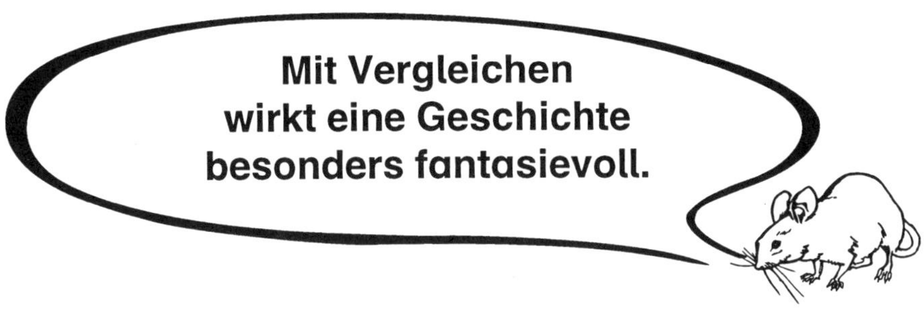

hart wie Stein, schnell wie der Blitz,
dunkel wie die Nacht, leicht wie eine Feder,
reden wie ein Wasserfall,
langsam wie eine Schnecke,
schlapp wie ein Waschlappen,
wie ein Elefant im Porzellanladen

Folie 1

Die Abenteuer des Lügenbarons Hieronymus von Münchhausen

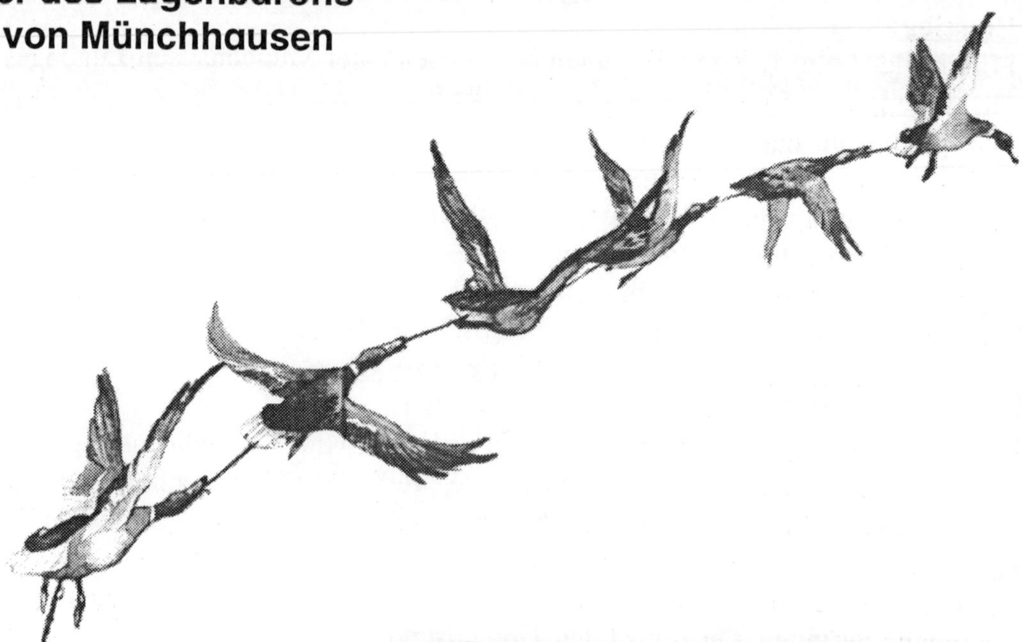

Ermüdet von stundenlanger Hetzjagd hing ich wie in halbem Schlummer auf meinem braven Rappen.

- - - ° * ° - - -

Der Speck machte seine Reise durch alle Enten hindurch, .., und sie waren daran aufgereiht wie die Perlen an einer Schnur.

- - - ° * ° - - -

Ich zielte zwischen das Geweih des Hirsches und schoss. Er taumelte wie betäubt, trabte dann aber auf und davon.

- - - ° * ° - - -

Der Hase hatte nicht die üblichen vier Läufe, sondern auch noch zwei Vorder- und zwei Hinterläufe auf dem Rücken! Waren die zwei unteren Paare müde, warf er sich wie ein Schwimmer herum und rannte auf dem Rücken weiter.

Deutsch

Mit ____________________ wirkt eine Geschichte besonders ____________________.

1) Welches Tier passt zu den folgenden Vergleichen?

stark wie ein ______________

schlau wie der ______________

klein wie eine ______________

munter wie ein ________ im Wasser

trampeln wie ein ______________

hören wie eine ______________

arbeiten wie ein ______________

schnaufen wie ein ______________

2) Ordne den Vergleich zum richtigen Wiewort?

eine Kirchenmaus - der Blitz - ein Riese - die Nacht - eine Feder

groß wie ______________

dunkel wie ______________

leise wie ______________

leicht wie ______________

schnell wie ______________

3) Auch bei Tunwörtern gibt es Vergleiche. Ordne richtig zu.

ein Wasserfall - ein Murmeltier - ein Spatz - ein Luchs - gestochen - eine Lärche - gedruckt - mit Kübeln

essen wie ______________

reden wie ______________

sehen wie ______________

schlafen wie ______________

singen wie ______________

lügen wie ______________

gießen wie ______________

schreiben wie ______________

Deutsch		

Mit Vergleichen wirkt eine Geschichte besonders fantasievoll.

1) Welches Tier passt zu den folgenden Vergleichen?

stark wie ein Löwe

schlau wie der Fuchs

klein wie eine Ameise

munter wie ein Fisch im Wasser

trampeln wie ein Elefant

hören wie eine Fledermaus

arbeiten wie ein Pferd

schnaufen wie ein Walross

2) Ordne den Vergleich zum richtigen Wiewort?

eine Kirchenmaus - der Blitz - ein Riese - die Nacht - eine Feder

groß wie ein Riese

dunkel wie die Nacht

leise wie eine Kirchenmaus

leicht wie eine Feder

schnell wie der Blitz

3) Auch bei Tunwörtern gibt es Vergleiche. Ordne richtig zu.

ein Wasserfall - ein Murmeltier - ein Spatz - ein Luchs - gestochen - eine Lärche - gedruckt - mit Kübeln

essen wie ein Spatz

reden wie ein Wasserfall

sehen wie ein Luchs

schlafen wie ein Murmeltier

singen wie eine Lärche

lügen wie gedruckt

gießen wie mit Kübeln

schreiben wie gestochen

Lerninhalt: Ausrufe- und Fragesätze erhöhen die Spannung.

Kurzer Unterrichtsverlauf

Einstieg:
Folienbild (S.22): Katze auf dem Dach - freie S-Äuß.
Hauptteil:
Hinführung - Wdhg.
L: Die Zwillinge Janine und Nadine haben ihr Erlebnis mit Katze Minka aufgeschrieben.
Du weißt schon, was sie bei einer guten Geschichte beachten müssen.
S: Aufbau von Geschichten: Einleitung - Hauptteil mit Höhepunkt - Schluss / 1.Vergangenheit
ZA: Heute wirst du ein weiteres Mittel kennenlernen, wie deine Geschichte lebendig wird.
1.TZ: Ausrufe- und Fragesätze erhöhen die Spannung.
L: Schauen wir uns jeweils den Anfang der Geschichten der Zwillinge an (vergl. Textblatt S.23).
Vieles haben sie gemeinsam formuliert, doch nicht alles.
S lesen, spont. S-Äuß.: z.B. Nadines Geschichte ist spannender.
L: Wir wollen untersuchen, woran das liegt.
S vergleichen, unterstreichen Abweichungen, L notiert zum Teil an TA.
Erkenntnis: Nadine gebraucht Ausrufewörter, Ausrufesätze und Fragesätze.
(TA-Geschichtenmaus)
2.TZ: Sammlung von Ausrufewörtern, Ausrufesätzen und Fragesätzen
L: Stelle dir vor, die Rettung der Katze glückt.
L: Überlege dir zusammen mit deinem Nachbarn passende Ausrufewörter, Ausrufesätze und Fragesätze. - PA
Sammlung passender Ausdrücke an TA
3.TZ: Schreiben des Ausgangs der Geschichte unter Anwendung des erlernten Stilmittels
L: Du darfst nun selbst das glückliche Ende der Geschichte aufschreiben. Denke daran, passende Ausrufewörter, Ausrufesätze und Fragesätze einzubauen.
S schreiben, korrigieren in Schreibkonferenzen (s. S.141 ff), lesen vor.

Tafelbild

Ein Erlebnis mit Katze Minka

Wo mochte sie sein?
Wo steckte sie bloß?
Wie bist du da hinaufgekommen?
Was nun?

Oh Gott! Arme Minka!
Oh Schreck! Minka, du Ausreißer!
Verflixt, zu kurz!

Ausrufe, Ausrufesätze und Fragesätze im Hauptteil erhöhen die Spannung und machen einen Text lebendiger.

Ob das wohl gut geht?
Wie bekommen wir dich herunter?
Ob sie es schaffen?

Oh! Ah! Schade, wieder nichts!
Meine Güte, ist das hoch!
Nur keine Angst!
Gleich haben wir dich!
Geschafft! So ein Glück! Endlich!

Folienbild

Deutsch		

Janines Geschichte:

<u>Das war vielleicht eine Aktion!</u>

Als Nadine und ich gestern von der Schule nach Hause kamen, riefen wir sofort nach Minka, unserer kleinen Katze. Wir hatten sie erst vor ein paar Tagen bekommen.
Doch so laut wir auch riefen, Minka war nirgends zu entdecken. Schnell liefen wir in den Garten und suchten auch dort überall. Auf den Baum war sie nicht geklettert. Auch sonst konnten wir sie nirgends entdecken. Immer wieder riefen wir ihren Namen und schauten unter jedem Busch. Plötzlich entdeckte Nadine Minka auf unserem Hausdach. Wir überlegten, wie wir die Katze herunterholen könnten. Mühsam schleppten wir die Leiter herbei. Doch sie war zu kurz. Jetzt war guter Rat teuer.
...

Nadines Geschichte:

<u>Das war vielleicht eine Aktion!</u>

Als Janine und ich gestern von der Schule nach Hause kamen, riefen wir sofort nach Minka, unserer kleinen Katze. Wir hatten sie erst vor ein paar Tagen bekommen.
Doch so laut wir auch riefen, Minka war nirgends zu entdecken. Wo mochte sie bloß sein? Ob sie wohl in den Garten hinausgelaufen war? Schnell liefen wir hinaus und suchten überall. Oh Gott, sie wird doch nicht auf den Baum geklettert sein! Aber auch dort konnten wir sie nicht entdecken. Arme Minka! Wo steckte sie bloß? Immer wieder riefen wir ihren Namen und schauten unter jedem Busch. So viele Verstecke gibt's doch gar nicht! Plötzlich entdeckte ich Minka auf unserem Hausdach. Oh Schreck! Minka, du Ausreißer! Wie bist du da bloß hinaufgekommen, liebe, kleine Minka? Wir überlegten, wie wir die Katze herunterholen könnten. Mühsam schleppten wir die Leiter herbei. Verflixt, zu kurz! Was nun? Jetzt war guter Rat teuer.
...

Deutsch		

Janines Geschichte:

<u>Das war vielleicht eine Aktion!</u>

Als Nadine und ich gestern von der Schule nach Hause kamen, riefen wir sofort nach Minka, unserer kleinen Katze. Wir hatten sie erst vor ein paar Tagen bekommen.
Doch so laut wir auch riefen, Minka war nirgends zu entdecken. Schnell liefen wir in den Garten und suchten auch dort überall. Auf den Baum war sie nicht geklettert. Auch sonst konnten wir sie nirgends entdecken. Immer wieder riefen wir ihren Namen und schauten unter jedem Busch. Plötzlich entdeckte Nadine Minka auf unserem Hausdach. Wir überlegten, wie wir die Katze herunterholen könnten. Mühsam schleppten wir die Leiter herbei. Doch sie war zu kurz. Jetzt war guter Rat teuer.
...

Nadines Geschichte:

<u>Das war vielleicht eine Aktion!</u>

Als Janine und ich gestern von der Schule nach Hause kamen, riefen wir sofort nach Minka, unserer kleinen Katze. Wir hatten sie erst vor ein paar Tagen bekommen.
Doch so laut wir auch riefen, Minka war nirgends zu entdecken. <u>Wo mochte sie bloß sein? Ob sie wohl in den Garten hinausgelaufen war?</u> Schnell liefen wir hinaus und suchten überall. <u>Oh Gott, sie wird doch nicht auf den Baum geklettert sein!</u> Aber auch dort konnten wir sie nicht entdecken. <u>Arme Minka! Wo steckte sie bloß?</u> Immer wieder riefen wir ihren Namen und schauten unter jedem Busch. <u>So viele Verstecke gibt's doch gar nicht!</u> Plötzlich entdeckte ich Minka auf unserem Hausdach. <u>Oh Schreck! Minka, du Ausreißer!</u> <u>Wie bist du da bloß hinaufgekommen, liebe, kleine Minka?</u> Wir überlegten, wie wir die Katze herunterholen könnten. Mühsam schleppten wir die Leiter herbei. <u>Verflixt, zu kurz!</u> <u>Was nun?</u> Jetzt war guter Rat teuer.
...

Lerninhalt: Gedanken und Gefühle geben die Stimmung wieder.

Kurzer Unterrichtsverlauf

Einstieg:
eingepackte Bonbondose - freie S-Äuß.

Hauptteil:
ZA: Zu dieser Bonbondose habe ich dir eine Geschichte mitgebracht.

1.TZ: Inhaltliches Erfassen der Bildergeschichte
Betrachten der Bilder (nacheinander) auf der Folie 1 (S.26), S erzählen das Geschehen,
L notiert ein bis zwei Sätze zum Inhalt auf der Folie (vergl. Folie 2, S.27).

2.TZ: Wiederholung der bekannten Stilmittel
L: Du weißt schon, was du beim Schreiben einer guten Geschichte beachten musst.
S: neugierig machende Überschrift (S machen Vorschläge) /
kurze Einleitung, Hauptteil mit Steigerung der Spannung zum Höhepunkt, kurzer Schluss /
1.Vergangenheit / Ausrufe- und Fragesätze insbesondere am Höhepunkt (o.ä.)
L: (**ZA**) Heute wirst du ein weiteres Mittel kennenlernen, spannend zu erzählen.

3.TZ: Gedanken und Gefühle machen eine Geschichte lebendig.
Gemeinsames Betrachten der Mimik des Mädchens (Folie 3, S.28), evtl. Szenen nachspielen lassen, Versuch sich in das Mädchen hineinzuversetzen
S beschreiben Gedanken und Gefühle des Mädchens - L notiert an TA.
L: Unsere Geschichtenmaus hat also nun einen weiteren Tipp für uns parat.
Erkenntnis: Eine Geschichte wird besonders lebendig, wenn du Gedanken und Gefühle beschreibst.
S wdh. die gewonnene Erkenntnis, L not. in Sprechblase der Geschichtenmaus.

4.TZ: Schreiben der Geschichte unter Anwendung des erlernten Stilmittels
L: Du darfst nun die Geschichte aufschreiben. Denke an die Gedanken und Gefühle des Mädchens und verwende dabei Ausrufesätze und Fragesätze. - S schreiben die Bildergeschichte.

Ausklang: gegenseitiges Vorlesen, Korrektur in Schreibkonferenzen (s. S.141 ff)

Tafelbild

Eine traurige Überraschung

Susi war glücklich.
Ui, eine Bonbondose!

Sie überlegte: Ob ich wohl ein Bonbon nehmen darf? Ach, Mutti wird bestimmt nichts merken!

Beschreibe Gedanken und Gefühle. Dadurch wird deine Geschichte besonders lebendig.

Gespannt, neugierig, fröhlich, lachend, ungeduldig öffnete Susi das Päckchen.
Was wird wohl darin sein?
Ist das schwer verpackt!
Geh doch endlich auf!

Susi erschrak.
Entsetzt las sie den Brief.
Das darf doch nicht wahr sein!
Warum habe ich bloß schon davon genascht?
Ich mache es nie wieder!

Folie 1

20
21
23
26
28
28
Schade das
du vorher
schon davo
gegessen
hast

Folie 2

Eine traurige Überraschung

Es war der 20. Oktober.
Susi fand eine Bonbondose.

Susi überlegte. Sie möchte die Box gerne öffnen.

Die Tage vergingen. Susi nasch-te jeden Tag. Am 26. Oktober war die Dose fast leer.

Zwei Tage später hatte das Mädchen Geburtstag.

Susi öffnete das Päckchen.
Sie fand die fast leere Bonbon-dose und einen Brief.

Susi las, was auf dem Zettel stand. Sie weinte und war traurig.

Folie 3

Lerninhalt: Die wörtliche Rede - der vorangestellte Begleitsatz

Kurzer Unterrichtsverlauf

Einstieg:
Folienbild (Folie 1, S.30, oben): Bauer mit Kuh und Polizist - freie S-Äuß.

Hauptteil:
Hinführung: L: Ich habe dir einen Witz zu diesem Bild mitgebracht. L liest vor (s. Text, Folie 1).
L: Wir können die Geschichte spielen. - Szenische Nachgestaltung

1.TZ: Wiedergabe in wörtlicher Rede
L: Ich habe dir den Witz nochmal aufgeschrieben. Es fehlt aber noch der Inhalt der Sprechblasen. Du kannst mir sicher helfen. - Füllen der Sprechblasen (Folie 2, S.31 / bearbeitet S.32)
ZA: L: Den Inhalt der Sprechblasen nennt man „wörtliche Rede". Damit werden wir uns heute genauer befassen.
L: Wenn du eine Geschichte schreibst, kannst du aber keine Sprechblasen verwenden.
Daher hat man sich besondere Zeichen ausgedacht.

2.TZ: Kennenlernen der Zeichensetzung
Erklärung: Man setzt einfach den Inhalt der Sprechblase in Redezeichen, am Anfang unten, am Ende oben. Der Redebegleitsatz sagt uns, wer spricht und wie er spricht, er endet mit einem Doppelpunkt. - Verdeutlichung an Beispielen (TA)

3.TZ: Stilmittel, die eine Geschichte spannend werden lassen
L: Durch die wörtliche Rede ist unser Witz jetzt viel lebendiger geworden.
Unsere Geschichtenmaus hat damit einen weiteren Tipp für uns parat. - S.-Äuß.
L not. in Sprechblase der Geschichtenmaus (TA), S wdh. die gewonnene Erkenntnis.

Wdhg.: L: Du kannst dich sicher an andere Tipps unserer Geschichtenmaus erinnern.
S zählen auf, z.B. neugierig machende Überschrift, Einleitung und Schluss kurz, Hauptteil mit Steigerung der Spannung zum Höhepunkt, z.B. mit Ausrufe- und Fragesätzen, Beschreibung von Gedanken und Gefühlen, 1.Vergangenheit ...

Anwendung: Aufschreiben des Witzes mit wörtl. Rede unter Beachtung der Zeichensetzung.

Tafelbild

Die wörtliche Rede

Was, zum Teufel, machen Sie denn da!

Der Polizist fragte: Redebegleitsatz	„Was, zum Teufel, machen Sie denn da!" wörtliche Rede

Doppelpunkt — Redezeichen unten — Satz-zeichen — Redezeichen oben

Der Bauer erklärte: „Die Kuh geht nicht durch!"
Der Polizist schlug vor: „Warum graben Sie nicht den Boden auf?"
Der Bauer meinte: „Aber, Herr Polizist, schauen Sie doch! Die Hörner sind zu lang, nicht die Beine!"

Wörtliche Reden machen eine Geschichte lebendiger.

Folie 1

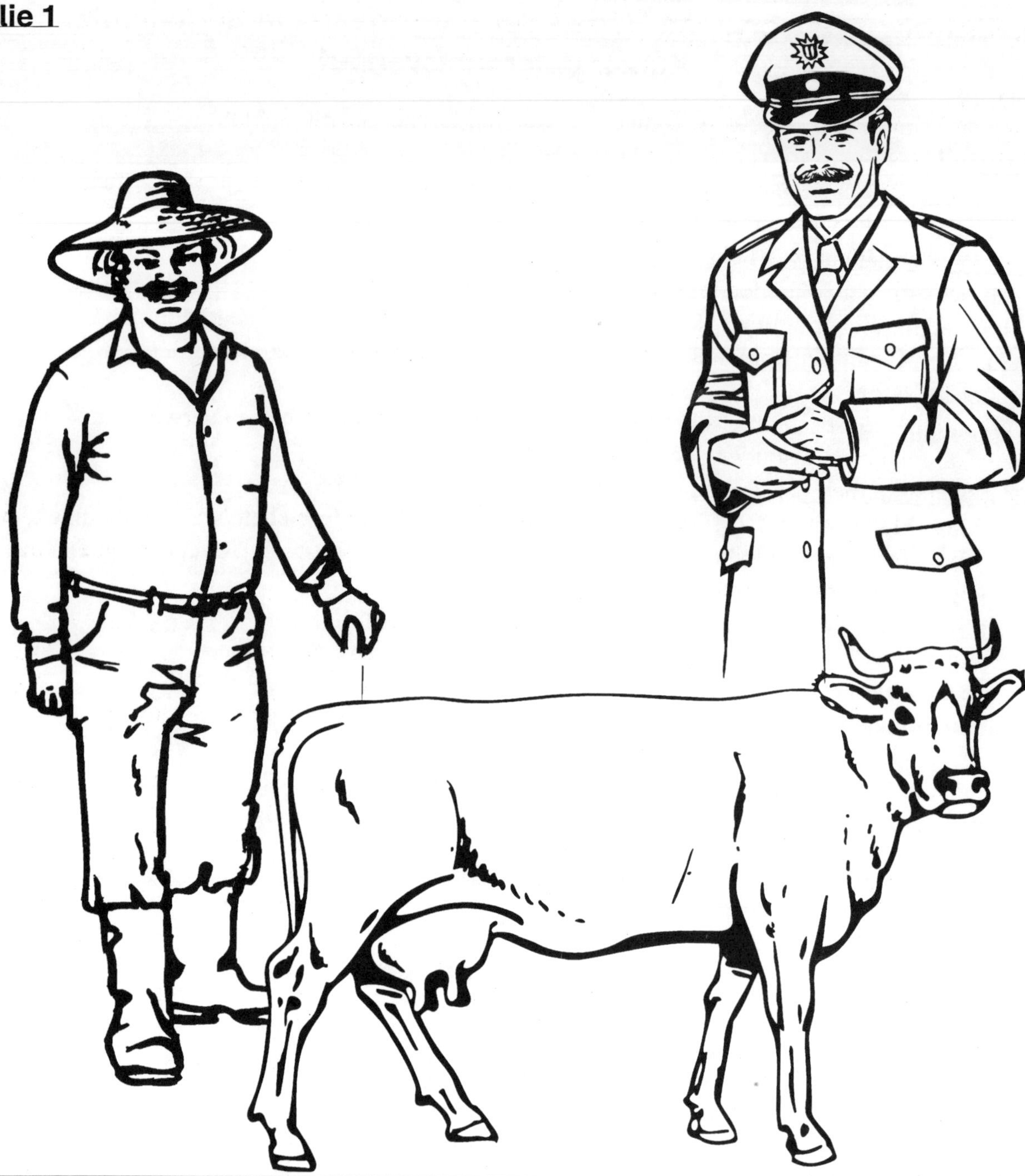

Ein Bauer trieb seine Kuh aus dem Stall. Da kam er zu einer niedrigen Unterführung. Er schaute die Kuh an, dann die Unterführung, und wieder die Kuh. Schließlich holte er Hammer und Meißel und fing an Mauerwerk von der Decke abzustemmen. Als ein Polizist das sah, fragte er ihn, was er da mache. Der Bauer erklärte, dass die Kuh nicht durchgehe und dass er etwas von der Mauer abstemmen müsse. Darauf wies ihn der Polizist zurecht. Er machte den Vorschlag besser den Boden aufzugraben. Da meinte der Bauer, dass ja die Hörner zu lang seien und nicht die Beine.

Folie 2

Ein Bauer trieb seine Kuh aus dem Stall. Da kam er zu einer niedrigen Unterführung. Er schaute die Kuh an, dann die Unterführung, und wieder die Kuh. Schließlich holte er Hammer und Meißel und fing an Mauerwerk von der Decke abzustemmen.

Als ein Polizist das sah, fragte er:

Der Bauer erklärte:

Darauf wies ihn der Polizist zurecht:

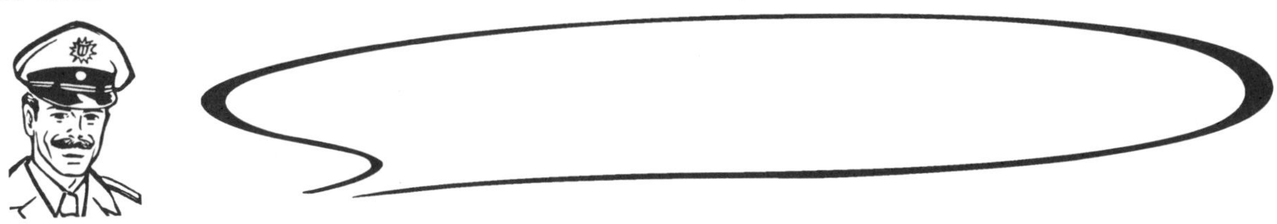

Er machte einen anderen Vorschlag:

Da meinte der Bauer:

Folie 2 (bearbeitet)

Ein Bauer trieb seine Kuh aus dem Stall. Da kam er zu einer niedrigen Unterführung. Er schaute die Kuh an, dann die Unterführung, und wieder die Kuh. Schließlich holte er Hammer und Meißel und fing an Mauerwerk von der Decke abzustemmen.

Als ein Polizist das sah, fragte er:

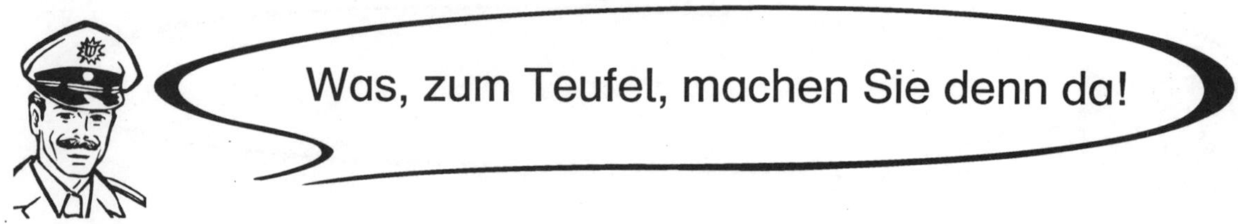

Der Bauer erklärte:

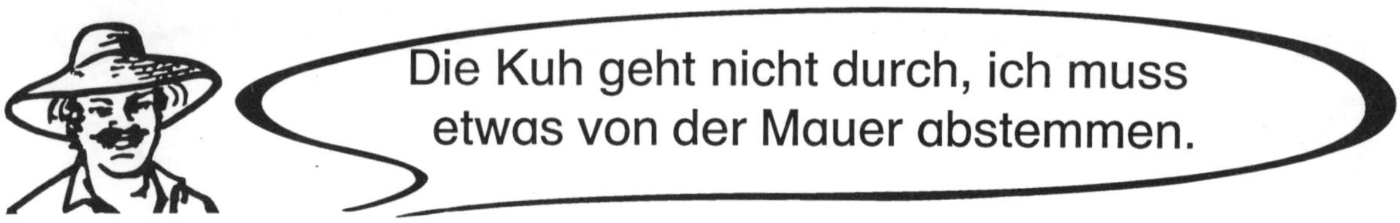

Darauf wies ihn der Polizist zurecht:

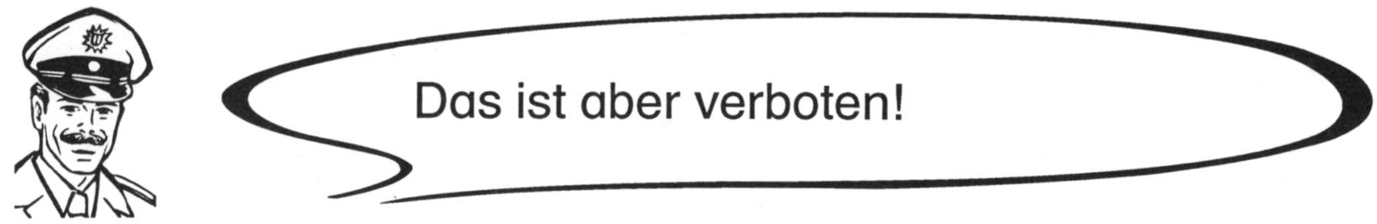

Er machte einen anderen Vorschlag:

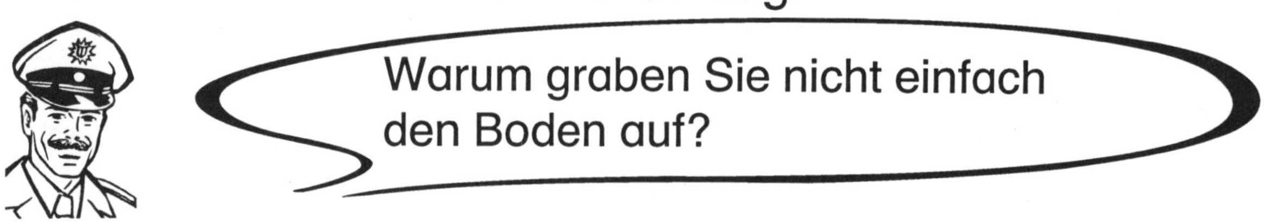

Da meinte der Bauer:

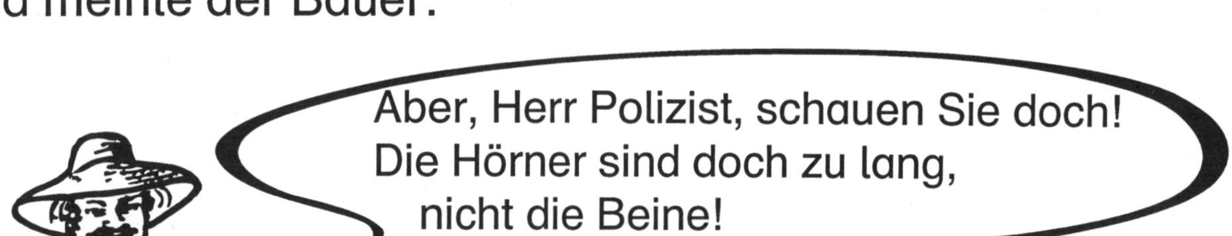

Lerninhalt: Namen verwenden / Wörtl. Rede-nachgestellt. Begleitsatz

Kurzer Unterrichtsverlauf

Einstieg:
Folienbild (Folie 1, S.34): Kinder mit Hund - S-Äuß.
Hauptteil:
Hinführung:
L: Gabi hat ihr Erlebnis mit diesem Hund aufgeschrieben. (s. Text, Textblatt S.35), S lesen.
1.TZ: Wdhg. bekannter Stilelemente - Wir geben den Personen Namen.
L: Gabi hat an vieles gedacht, was eine Geschichte lebendig macht.
S wdh.: Einleitung, Hauptteil, Schluss - 1.Verg. - wörtl. Rede ....
L: Trotzdem können wir etwas verbessern. S stellen die Wiederholung des Wortes „Freund“ fest.
Erkenntnis: Personen brauchen Namen - Verbesserung des vorgeg. Textes.
2.TZ: Wörtl. Rede mit nachgestelltem Begleitsatz - Kennenlernen der Zeichensetzung
L: Ich lese dir die Geschichte jetzt vor. Vielleicht fällt dir noch etwas auf, was wir verbessern könnten. (L betont dabei die Gleichförmigkeit: vorangestellter Begleitsatz - Rede.)
Feststellung: Man könnte den Begleitsatz auch nach hinten stellen.
Mehrere mündliche Versuche - S lesen laut vor und stellen an verschiedenen Stellen die Begleitsätze nach hinten. L notiert einige Beispiele an TA (s.d.).
L: Auch beim nachgestellten Begleitsatz muss man beim Schreiben die Zeichensetzung beachten. Du kannst vergleichen (TA): Gemeinsame Erarbeitung der Zeichensetzung: Rede in Redezeichen, Komma vor Redebegleitsatz, ist die Rede ein Aussagesatz entfällt der Punkt.
Übung und Verdeutlichung an weiteren Beispielen (Folie 2, S.36)
Nochmalige Formulierung der gewonnenen Erkenntnis, L not. in Sprechblase der Geschichtenmaus (TA), S wdh. mehrmals.
Anwendung: Aufschreiben der Geschichte unter Beachtung der Erkenntnisse: Namen verwenden, Abwechslung in der Stellung des Redebegleitsatzes, richtige Zeichensetzung

Tafelbild

Die wörtliche Rede mit nachgestelltem Redebegleitsatz

Ich rief: Redebegleitsatz „Schaut, ist der süß!“ wörtliche Rede	„Schaut, ist der süß!“ , wörtliche Rede rief ich. Redebegleitsatz
Ich fragte: „Und wenn er beißt?“	„Und wenn er beißt?“ , fragte ich.
Franz meinte: „Im Halsband steht eine Adresse.“	„Im Halsband steht eine Adresse□“ , meinte Franz.

Bei wörtlicher Rede kann der Redebegleitsatz auch hinten stehen. Vor dem Redebegleitsatz steht dann ein Komma. Ist die wörtliche Rede ein Aussagesatz fällt der Punkt weg.

Folie 1: Folienbild

Deutsch		

Textblatt

Gut gemacht!

Gestern Abend entdeckten meine Freunde und ich einen winzigen, verängstigten Hund im Park.
Wir gingen vorsichtig etwas näher heran. Ich rief: „Schaut nur, ist der süß!" Plötzlich erhob sich der Hund und wollte davonlaufen. Da stellte mein Freund fest: „Der humpelt ja!" Mein anderer Freund aber meinte: „Ich kann das nicht feststellen." Doch mein erster Freund erwiderte: „Doch, schau genau hin! Siehst du, jetzt setzt er sich wieder hin!" Leise gingen wir dem Hund nach. Er ließ uns an sich herankommen und jaulte ein bisschen. Da entdeckte mein Freund sein Halsband. Er betrachtete es und meinte: „Im Halsband steht eine Adresse." Mein anderer Freund schlug vor: „Dann bringen wir das Hündchen doch dorthin!" Ich aber fragte ängstlich: „Und wenn er uns beißt?" Da meinte mein Freund verächtlich: „Bist du ein Angsthase!" Das wollte ich natürlich nicht auf mir sitzen lassen. Ich nahm das Hündchen auf den Arm und flüsterte ihm leise ins Ohr: „Du bist ein braves Hundchen!"
Bald waren wir bei der Adresse angelangt. Eine alte Frau öffnete. Sie weinte fast vor Glück, als sie ihren Hund sah: „Mein Mopsi, endlich habe ich dich wieder!" Dann wandte sie sich uns zu und sagte: „Das habt ihr aber gut gemacht!"

Folie 2

Die Zeichensetzung bei wörtlicher Rede mit nachgestelltem Begleitsatz

Schaut nur, ist der süß rief ich

Der humpelt ja stellte Franz fest

Ich kann das nicht feststellen meinte Markus

Doch, schau genau hin! Siehst du, jetzt setzt er sich wieder hin erwiderte Franz

Im Halsband steht eine Adresse meinte Markus

Dann bringen wir das Hündchen doch dorthin schlug Franz vor.

Und wenn er uns beißt fragte ich ängstlich

Bist du ein Angsthase meinte Franz verächtlich

Du bist ein braves Hundchen flüsterte ich

Mein Mopsi, endlich habe ich dich wieder weinte die alte Frau

Das habt ihr aber gut gemacht lobte sie

Lerninhalt: Abwechslung im Ausdruck - Wortfeld „sagen“

Kurzer Unterrichtsverlauf

Einstieg:
Eingeübtes Rollenspiel (Sprechrollen s.S.38, 1.Teil)

Hauptteil:

1.TZ: Dem Wort „sagen“ fehlt die Aussagekraft anderer Wörter.
L: Ich habe das Gespräch für dich aufgeschrieben (s. Text, Folie 1, S.39), S lesen.
L: Wenn wir das so lesen, klingt es ziemlich langweilig.
Erkenntnis: Immer nur „sagen“. Wir wissen nicht, wie die Personen etwas sagen. Wir müssen „sagen“ durch treffendere Wörter ersetzen. (TA-Geschichtenmaus)

2.TZ: Für „sagen“ gibt es viele Wörter.
Wdhg. des Rollenspiels -
gemeinsame Suche nach treffenderen Wörtern für „sagen“ und Verbesserung auf der Folie (s.S.39, Wörter unter der gestrichelten Linie)
L: Ich habe noch mehr Sätze für dich aufgeschrieben (Sprechrollen s.S.38, 2.Teil, als Papierstreifen für den einzelnen Schüler oder als Folienstreifen einzeln aufgelegt).
L: Du darfst sie uns vorspielen, wir überlegen uns dann ein passenderes Wort für „sagen“.
Szen. Gestaltung, gemeinsame Suche nach treffenden Wörtern, L notiert an TA.

3.TZ: Ordnung im Wortfeld „sagen“
L: Mit treffenden Wörtern kann man ausdrücken, wie jemand spricht und wie er sich fühlt, ob er sich freut oder ärgert, ob er traurig oder aufgeregt ist. Du kannst helfen die Wörter richtig einzuordnen (Folie 2 oder AB, S.40, Auflösung s. Folie 1, S.39 unten).
Einordnen der Wörter, Finden weiterer Wörter, Ergänzen des Merktipps der Geschichtenmaus.

Verarbeitung:
Aufschreiben der Sätze (s.h. Sprechrollen S.38, auf Folie oder Blatt kopiert)
unter Auswahl eines treffenden Verbs und Beachtung der Zeichensetzung bei wörtlicher Rede.

Tafelbild

Für „sagen“ gibt es viele Wörter.

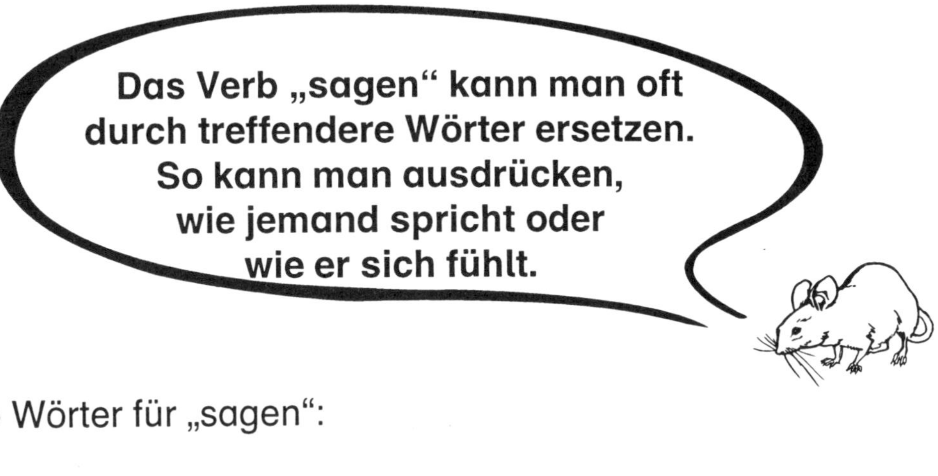

Weitere Wörter für „sagen“:

jammern, rufen, auffordern, bitten, bedauern, beteuern, schimpfen, flüstern, stottern, spotten

Rollenspiel (1.Teil):

Vater (fragend):	Hast du deine Hausaufgabe schon gemacht?
Max (provozierend):	Warum fragst du danach, klar doch!
Vater (fordernd):	Zeig sie mir mal!
Max (maulend):	Immer musst du kontrollieren!
Vater (entrüstet):	Was soll denn das sein? Alles falsch! Das kannst du gleich nochmal machen.
Max (empört):	Aber jetzt kommt meine Lieblingsserie im Fernsehen. Die muss ich sehen.
Vater (nur wenig bedauernd):	Die kannst du wohl heute vergessen.
Max (bettelnd):	Ach bitte, Papi, ich kann die Aufgaben doch auch später noch machen.
Vater (bestimmt):	Da wird nichts daraus. Los, an die Arbeit!
Max (stöhnend):	Jetzt verpasse ich die ganze Action!

Sprechrollen (2.Teil):

(jammernd):	Mir tut der Kopf so weh!
(freudig):	Mami, ich habe einen Einser!
(auffordernd):	Hör endlich auf zu schreien!
(bittend):	Kannst du mir helfen?
(bedauernd):	Das tut mir echt leid!
(beteuernd):	Ehrlich, ich war's wirklich nicht!
(schimpfend):	Lass mich in Ruhe!
(flüsternd):	Pst, verrate uns nicht!
(stotternd):	I...i..ich w...w..war das n...n..nicht!
(spottend):	Wie kann man nur so dumm sein!

Vater sagte: „Hast du deine Hausaufgabe gemacht?“

Max sagte: „Warum fragst du danach, klar doch!“

Vater sagte: „Zeig sie mir mal!“

Max sagte: „Immer musst du kontrollieren!“

Vater sagte: „Was soll denn das sein? Alles falsch!
Das kannst du gleich nochmal machen.“

Max sagte: „Aber jetzt kommt meine Lieblingsserie
im Fernsehen. Die muss ich sehen.“

Vater sagte: „Die kannst du wohl heute vergessen.“

Max sagte: „Ach bitte, Papi, ich kann die Aufgaben
doch auch später noch machen.“

Vater sagte: „Da wird nichts daraus. Los, an die Arbeit!“

Max sagte: „Jetzt verpasse ich die ganze Action!“

(Mögliche treffende Wörter:
fragte, erwiderte, forderte, maulte, schimpfte, protestierte, entgegnete, bettelte, befahl, stöhnte)

Mögliche Verben für sagen (zum AB S.40):
sich freuen: jubeln, jauchzen, rufen, lachen...
traurig sein: weinen, heulen, schluchzen, jammern, klagen, stöhnen...
sich ärgern: schimpfen, nörgeln, maulen, knurren, brummen, brummeln....
aufgeregt sein: stottern, stammeln, brüllen, schreien, fauchen, aufbegehren...
etwas wollen: bitten, betteln, fragen, schmeicheln...
die Unwahrheit sagen: lügen, schwindeln...
ein Gespräch führen: antworten, erwidern, entgegnen, behaupten, meinen, versichern...
leise sprechen: flüstern, murmeln...

Mit treffenden Wörtern für „sagen“ kann man ausdrücken, wie jemand spricht, wie er sich fühlt.

sich freuen

______

______

______

______

______

______

traurig sein

______

______

______

______

______

sich ärgern

______

______

______

______

______

______

aufgeregt sein

______

______

______

______

______

______

etwas wollen

______

______

______

______

______

______

die Unwahrheit sagen

______

______

______

______

______

______

ein Gespräch führen

______

______

______

______

______

______

leise sprechen

______

______

______

______

______

______

Lerninhalt: Abwechslung im Ausdruck - Wortfeld „gehen“

Kurzer Unterrichtsverlauf

Einstieg:

Pantomime: ausgewählte Schüler erhalten einen Zettel mit Angabe einer Gangart und machen diese hintereinander gehend ohne Unterbrechung pantomimisch vor.

(Zettel mit Angabe der Gangart kopieren und entlang der gestrichelten Linien ausschneiden, s. Folie 1, S.42, unten)

Hauptteil:

1.TZ: Für „gehen“ gibt es viele, aussagekräftigere Wörter (Wörtersammlung).

L: Jeder deiner Klassenkameraden ging ein bisschen anders. Schauen wir uns jetzt jeden nochmal genau an. Versuche ein treffendes Wort für „gehen“ zu finden.

Nochmaliges pantomimisches Spiel mit Suche eines treffenden Wortes -

Anheften entsprechender Wortkarten an Seiten-TA

L: Auf der Folie (S.42) kannst du Strichmännchen sehen. Jedes zeigt dir eine andere Gangart.

Besprich dich mit deinem Partner. - PA

anschl. Anheften weiterer entsprechender Wortkarten an Seiten-TA

(etwa: walken, laufen, rennen, hüpfen, springen, steigen (klettern), balancieren, wandern, stolpern)

Erkenntnis: Für „gehen“ gibt es viele treffendere Wörter. (TA-Geschichtenmaus)

L: Du kennst jetzt viele Wörter. Das kann dir auch beim Schreiben von Geschichten helfen.

S: Wir wechseln ab. Wir vermeiden Wiederholungen. (TA-Geschichtenmaus)

2.TZ: Ordnung im Wortfeld „gehen“

L: Natürlich passt nicht immer jedes Wort gleich gut. Wir können die Wörter ordnen.

Verschiedene S-Vorschläge,

anschl. z.B. Ordnung nach „langsam gehen“ und „schnell gehen“

L macht zwei Spalten an TA, S ordnen Wortkarten passend ein.

Anwendung: AB (S.43/44)

Tafelbild

Für „gehen“ gibt es viele Wörter.

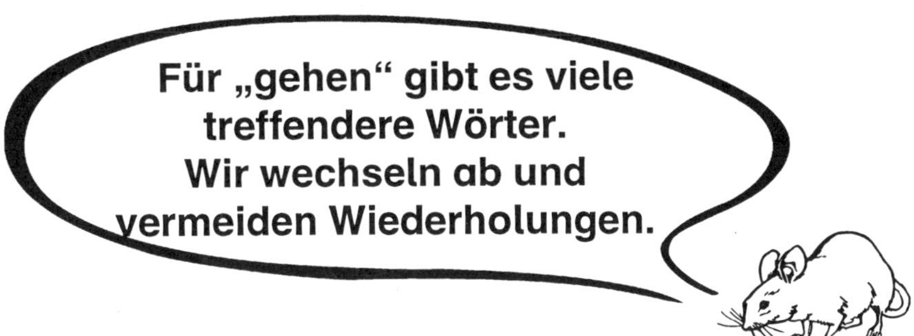

langsam gehen			*schnell gehen*
spazieren	bummeln	schreiten	huschen
humpeln	hopsen	steigen	laufen
schleichen	kriechen	balancieren	rennen
tänzeln	hinken	wandern	hüpfen
marschieren	torkeln	stolpern	springen

Folie 1

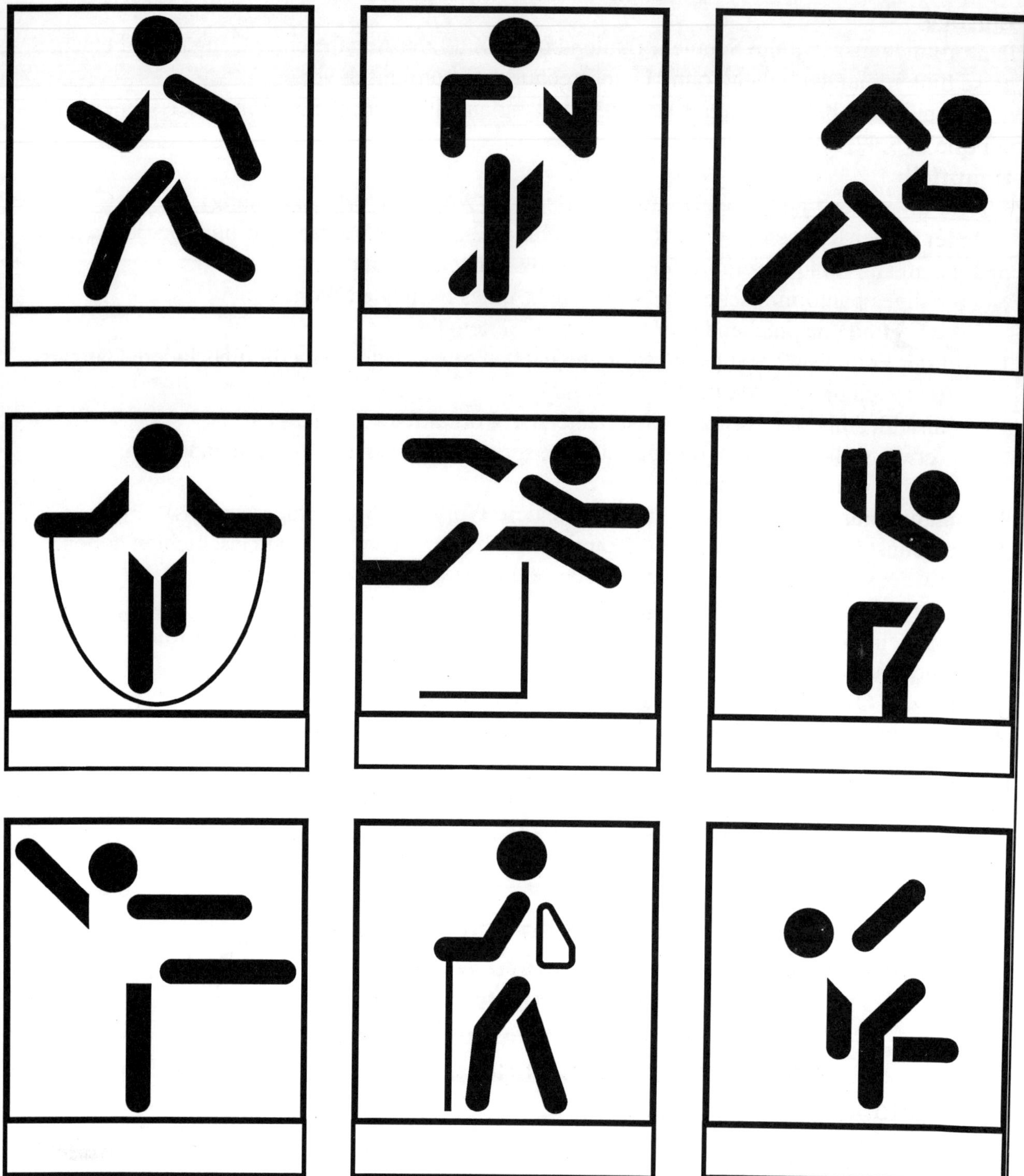

spazieren	bummeln	humpeln	hopsen
schleichen	kriechen	tänzeln	hinken
marschieren	torkeln	schreiten	huschen

Deutsch		

Für „gehen" gibt es viele treffende Wörter

1) Welches Wort passt in die Lücke? Ein Wort bleibt übrig.

sprinten	schleichen	flitzen	schlendern	fliehen
joggen	rasen	schlurfen	sausen	stapfen

a) Wie jeden Abend will Herr Schlank noch ein bisschen im Wald ______.

b) Sein Hund Rex ______ neben ihm her.

c) Sie begegnen einem alten Mann, der mit seinen ausgetretenen Schuhen zu einer Bank ______.

d) Auch ein Liebespärchen ______ in der frischen Luft dahin.

e) Da sieht Herr Schlank einen Dieb im Gebüsch ______.

f) Als Herr Schlank Rex hinter ihm her hetzt, ______ der Dieb.

g) Doch Rex ______ ihm nach.

h) Auch Herr Schlank ______ hinter den beiden her.

i) Da gerät der Dieb in sumpfiges Gebiet, wo er nur noch ______ kann.

2) Schreibe die folgende Diebesgeschichte in dein Heft, indem du das Wort „gehen" durch treffendere Verben ersetzt.
(Beachte: Einmal darf das Wort „ging" bleiben!)

Gangster Ede ging in eine Bank. Er ging zum Schalter und verlangte Geld. Plötzlich ging die Alarmanlage los. Ede ging sofort zum Ausgang und ging über die Straße. Ein zufällig in der Bank anwesender Polizist ging hinter ihm her. Ede ging in Richtung Stadtpark. Dort waren viele Leute unterwegs. Zwei Frauen gingen langsam dahin und unterhielten sich. Ihre Kinder gingen neben ihnen her. Auch einige Penner gingen mit Bierflaschen in der Hand durch den Park. Ede ging zwischen all diesen Menschen hindurch. Doch die Bankangestellten hatten inzwischen die Polizei alarmiert. Weitere Polizisten gingen mit ihren scharfen Hunden hinter Ede her. Rex bekam den Gangster am Bein zu fassen. So konnte Ede nicht mehr länger gehen.

Für „gehen“ gibt es viele treffende Wörter

1) Welches Wort passt in die Lücke? Ein Wort bleibt übrig.

sprinten	schleichen	flitzen	schlendern	fliehen
joggen	rasen	schlurfen	sausen	stapfen

a) Wie jeden Abend will Herr Schlank noch ein bisschen im Wald [joggen].

b) Sein Hund Rex [saust] neben ihm her.

c) Sie begegnen einem alten Mann, der mit seinen ausgetretenen Schuhen zu einer Bank [schlurft].

d) Auch ein Liebespärchen [schlendert] in der frischen Luft dahin.

e) Da sieht Herr Schlank einen Dieb im Gebüsch [schleichen].

f) Als Herr Schlank Rex hinter ihm her hetzt, [flieht] der Dieb.

g) Doch Rex [rast / flitzt] ihm nach.

h) Auch Herr Schlank [sprintet] hinter den beiden her.

i) Da gerät der Dieb in sumpfiges Gebiet, wo er nur noch [stapfen] kann.

2) Schreibe die folgende Diebesgeschichte in dein Heft, indem du das Wort „gehen“ durch treffendere Verben ersetzt.
(Beachte: Einmal darf das Wort „ging“ bleiben!) **Beispiel:**

Gangster Ede betrat eine Bank. Er schritt zum Schalter und verlangte Geld. Plötzlich ging die Alarmanlage los. Ede stürzte sofort zum Ausgang und raste über die Straße. Ein zufällig in der Bank anwesender Polizist lief hinter ihm her. Ede rannte in Richtung Stadtpark. Dort waren viele Leute unterwegs. Zwei Frauen schlenderten langsam dahin und unterhielten sich. Ihre Kinder hopsten neben ihnen her. Auch einige Penner torkelten mit Bierflaschen in der Hand durch den Park. Ede drängte sich zwischen all diesen Menschen hindurch. Doch die Bankangestellten hatten inzwischen die Polizei alarmiert. Weitere Polizisten jagten mit ihren scharfen Hunden hinter Ede her. Rex bekam den Gangster am Bein zu fassen. So konnte Ede nicht mehr länger fliehen.

Lerninhalt: „Angst“ kann man beschreiben - Fortsetzungsgeschichte

Kurzer Unterrichtsverlauf

Einstieg:
Folienbild (S.46 oben) - Anfang der Geschichte evtl. als Hörbild (S.46 unten) - freie S-Äuß.
ZA: Diese Angstgeschichte sollst du heute fortsetzen.
Hauptteil:
1.TZ: „Angst“ kann man beschreiben (Wörtersammlung).
L: Du weißt schon eine ganze Menge, wie Geschichten lebhaft und spannend werden.
S zählen auf: Wiederholungen vermeiden, Wiewörter, Ausrufesätze usw. (L notiert an Seiten-TA)
L: In einer guten Geschichte sollst du auf Abwechslung achten. Auch für Angst gibt es viele Ausdrücke. Stellt euch in der Gruppe eine Situation vor, in der ihr Angst habt und sucht nach passenden Ausdrücken. - GA - anschl. Zusammentragen der Ergebnisse (AB, S.47), mögliche Wörter s. auf Folie 2 (S.48 unten)
2.TZ: Kurze Sätze erzeugen Spannung.
L: Deine Fortsetzungsgeschichte wird spannend, wenn du dem Leser immer ein kleines Stückchen mehr verrätst, was passiert. Vergleiche die beiden folgenden Fortsetzungen der Geschichte. Welche empfindest du als spannender. - Lesen der Texte (Folie 2, S.48), zuerst leise, dann laut (betont); Erkenntnis: Kurze Sätze, Ausrufe- und Fragesätze steigern die Spannung. (TA - Maus)
3.TZ: Die Auflösung kommt ganz kurz vor dem Schluss.
L bringt Negativbeispiel (mdl.), z.B. Fortsetzung des Textes auf Folie 1: „Erwin wusste gleich, dass es ihr Freund Tim war. Sicher wollte er sie erschrecken...“
Erkenntnis: Die Auflösung muss man sich bis zum Schluss aufheben (TA - Geschichtenmaus).
4.TZ: Die Fortsetzung muss zum Anfang der Geschichte passen.
L: Bei einer Fortsetzungsgeschichte kann man noch einen großen Fehler machen.
L: Negativbeispiele (mdl.), z.B. eine Kuh weidete, Siegfried wurde wegen seiner Zahnschmerzen wach (passt nicht zu Taschenlampe, Schritte) usw. - Erkenntnis an TA
Anwendung: Schreiben der Fortsetzungsgeschichte

Tafelbild

Aufregung in der Nacht
Fortsetzungsgeschichte

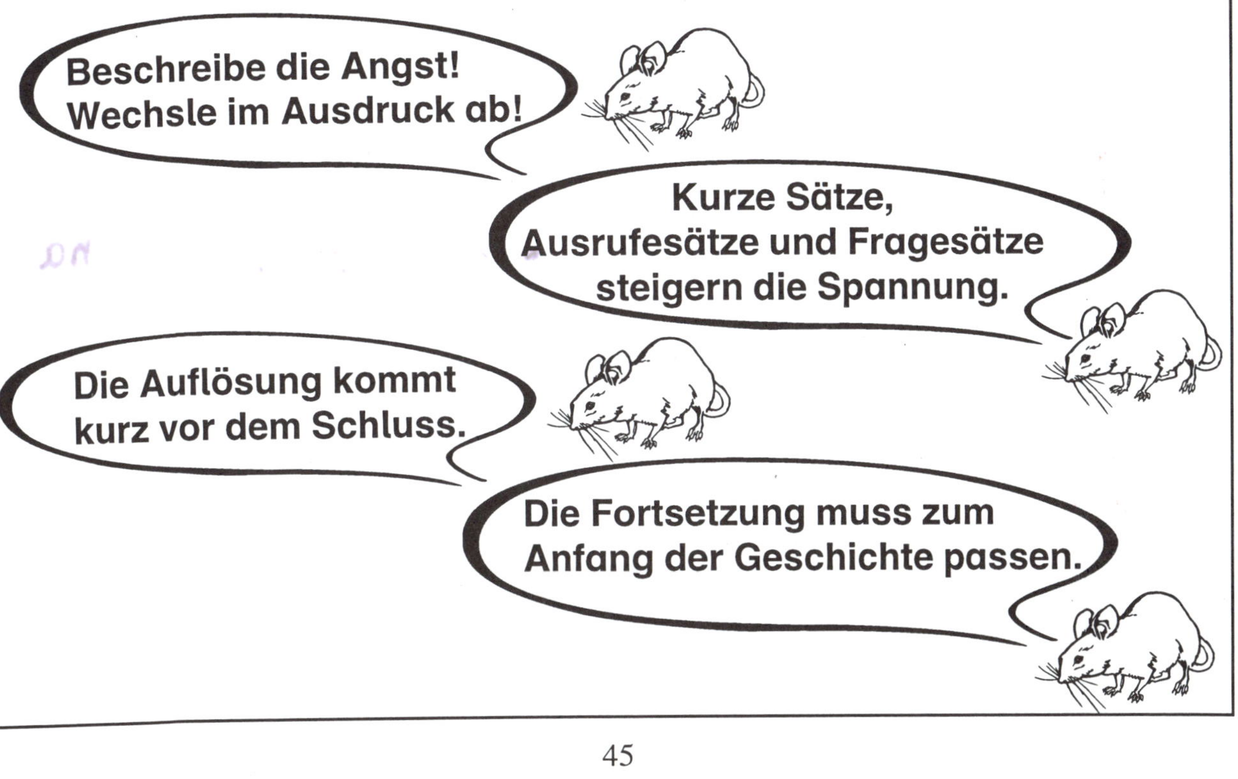

Folie 1

Fortsetzungsgeschichte zum Thema „Angst“
Aufregung in der Nacht

Nach dem Abendessen kletterten die drei Kinder in ihr Zelt. Sie breiteten ihre Schlafsäcke aus und kuschelten sich hinein. Todmüde schliefen sie bald ein.

Mitten in der Nacht wurde Lucas von Lena wach gerüttelt. Er wollte sie schon ausschimpfen, aber Lena hielt ihm den Mund zu und zeigte zur Zeltwand. Draußen war der Schein einer Taschenlampe zu sehen. Außerdem hörte man leise Schritte. Im Nu war Lucas hellwach...

Angst kann man beschreiben

1) Angst sieht man am Gesicht (Farbe, Ausdruck).

2) Angst merkt man am ganzen Körper (Befinden, Herz).

3) Angst merkt man beim Sprechen.

4) Angst merkt man am Gehen.

Folie 2

Fortsetzung
Aufregung in der Nacht

Möglichkeit 1:

Starr vor Schreck lauschten sie. Der Lichtschein bewegte sich. Waren die Schritte jetzt nicht lauter zu hören? Den Kindern standen die Haare zu Berge. Oh nein! Was soll das! Eine Zeltschnur schien sich zu lockern. Wer trieb da bloß sein Unwesen? Schweißgebadet hielten sich Lena und Lucas aneinander fest. ....

Möglichkeit 2:

Starr vor Schreck lauschten sie und sahen, dass sich der Lichtschein bewegte. Sie waren sich einig, dass die Schritte jetzt lauter zu hören waren. Den Kindern standen die Haare zu Berge, denn sie meinten nun, dass sich auch eine Zeltschnur gelockert hatte, und sie hielten sich schweißgebadet aneinander fest. ....

Mögliche Ausdrücke für Angst (vergl. AB vorhergehende Seite):

Gesichtsfarbe: bleich, kreidebleich, blass, leichenblass, totenblass, fahl

Gesichtsausdruck: ängstlich, furchtsam, erschrocken, schreckerfüllt, angestrengt, große Augen, Augen aufreißen, Zähne klappern, große Ohren machen

Befinden: zittern, schlottern, frösteln, heiß und kalt, schwitzen, Knie schlottern, Knie flattern, Knie werden weich, in die Hose machen, Luft wegbleiben, nicht wagen zu atmen, kalt über den Rücken laufen, Gänsehaut bekommen, wie gelähmt sein, zu Stein erstarrt sein, Herzklopfen haben, das Herz fällt in die Hosentasche, das Herz schlägt schnell, das Herz setzt aus, das Herz bleibt stehen

sprechen: schreien vor Angst, weinen, wimmern, schluchzen, flüstern, murmeln, lautlos sprechen

gehen: rasen, eilen, flüchten, fliehen, weglaufen, schleichen, auf Zehenspitzen gehen, fallen, stolpern

Lerninhalt: Unterschiedliche Satzanfänge

Kurzer Unterrichtsverlauf

Einstieg:
kurzes Gespräch über die Haustiere der Kinder
ZA: Ein Erlebnis mit deinem Haustier oder einem anderen Tier darfst du heute aufschreiben.
Hauptteil:
L: Ich habe dir Ausschnitte aus ein paar solchen Erlebnissen mit Tieren mitgebracht. Die Kinder haben schon recht nett erzählt und trotzdem können wir etwas an ihren Geschichten verbessern.
1.TZ: Abwechslung im Satzbau - Umstellung von Sätzen
S lesen die erste Geschichte (Folie 1, S.50) leise, lautes Vorlesen, Besprechung;
falls die Schüler den gleichförmigen Satzbau nicht erkennen, kann der Lehrer die verbesserte Geschichte anbieten, ansonsten von den Schülern selbst verbessern lassen.
Erkenntnis: Durch Umstellen der Satzglieder erreicht man Abwechslung. (TA-Geschichtenmaus)
2.TZ: Unterschiedliche Satzanfänge
Lesen der zweiten Geschichte (Folie 2, S.51) leise, lautes Vorlesen, Besprechung;
Schüler erkennen gleichen Satzanfang, immer „dann, und dann“, und Bandwurmsätze;
in PA bilden Schüler kürzere Sätze und suchen nach besseren Satzanfängen.
Besprechung, Lesen der verbess. Geschichte, Notation der Ausdrücke (oder Wortkarten) an TA.
Erkenntnis: Mit unterschiedlichen Satzanfängen klingt die Geschichte lebendiger. Kurze Sätze kann man besser lesen und verstehen. (TA-Geschichtenmaus)
3.TZ: Abwechslung in der Stellung des Redebegleitsatzes (falls bereits im Unterricht behandelt)
Lesen der dritten Geschichte (Folie 3, S.52) leise, lautes Vorlesen, Besprechung;
falls die Schüler die Gleichförmigkeit der wörtlichen Reden nicht erkennen, Erinnerung an TZ 1, Verbesserung, Lesen der verbesserten Geschichte.
Erkenntnis: Durch Abwechslung in der Stellung des Redebegleitsatzes wird eine Geschichte spannender. (TA-Geschichtenmaus)
Anwendung: Schreiben einer eigenen Tiergeschichte unter Beachtung des erworbenen Wissens.

Tafelbild

Unsere Tiergeschichte soll lebendig werden

Durch Umstellen der Satzglieder erreicht man Abwechslung.

Mit unterschiedlichen Satzanfängen klingt die Geschichte lebendiger. Kurze Sätze kann man besser lesen und verstehen.

Durch Abwechslung in der Stellung des Redebegleitsatzes wird eine Geschichte spannender.

Doch..
Aber..

Plötzlich..
Auf einmal..
Schon..
Schließlich..
Endlich..
Nun..
Da..
Gerade..

Folie 1

...

Ich spielte mit meinem Hund Rex am Waldesrand. Ich warf ein Stöckchen zum wiederholten Male. Mein Hund sauste sofort wie der Blitz los. Er brachte es mir jedes Mal in Windeseile wieder. Ich schleuderte jetzt mein Stöckchen besonders weit. Rex war auch schon wieder unterwegs. Ich wartete. Rex kam nicht. Ich rief und rief: „Rex, Rex, wo bist du?“ Mein Hund aber ließ sich nicht blicken. Ich lief in die Richtung, in die ich das Stöckchen geworfen hatte. Ich fand Rex endlich. Er hatte einen Kaninchenbau entdeckt. Er buddelte wie wild. Er hatte das Stöckchen vollkommen vergessen. ...

...

Ich spielte mit meinem Hund Rex am Waldesrand. Zum wiederholten Male warf ich ein Stöckchen. Sofort sauste mein Hund wie der Blitz los. Jedes Mal brachte er es mir in Windeseile wieder. Jetzt schleuderte ich mein Stöckchen besonders weit. Rex war auch schon wieder unterwegs. Ich wartete, doch Rex kam nicht. Ich rief und rief: „Rex, Rex, wo bist du?“ Aber mein Hund ließ sich nicht blicken. Ich lief in die Richtung, in die ich das Stöckchen geworfen hatte. Endlich fand ich Rex. Er hatte einen Kaninchenbau entdeckt und buddelte wie wild. Das Stöckchen hatte er vollkommen vergessen. ...

Folie 2

...

Zum Geburtstag hatte ich einen Papagei bekommen. Ich wollte ihm das Sprechen beibringen. „Guten Morgen, Ajax“, sagte ich. Dann wartete ich. Ajax antwortete nicht. Dann versuchte ich es wieder und dann wartete ich erneut. Doch es kam keine Antwort. Dann probierte ich es mit lauterer Stimme: „Guten Morgen, Ajax!“ Und dann lauschte ich wieder. Der Papagei schaute mich nur an. Dann hatte ich eine Idee und ich holte schnell Ajax Lieblingsfutter und dann hielt ich ihm die Körnchen hin und ich lockte ihn mit süßer Stimme und dann schnappte Ajax tatsächlich nach dem Futter und gab ein paar Laute von sich...

...

Zum Geburtstag hatte ich einen Papagei bekommen. Ich wollte ihm das Sprechen beibringen. „Guten Morgen, Ajax“, sagte ich und wartete. Aber Ajax antwortete nicht. Da versuchte ich es wieder und wartete erneut. Doch es kam keine Antwort. Schließlich probierte ich es mit lauterer Stimme: „Guten Morgen, Ajax!“ Gespannt lauschte ich wieder. Der Papagei schaute mich nur an. Plötzlich hatte ich eine Idee. Schnell holte ich Ajax Lieblingsfutter. Nun hielt ich ihm die Körnchen hin. Ich lockte ihn mit süßer Stimme. Auf einmal schnappte Ajax tatsächlich nach dem Futter und gab ein paar Laute von sich...

Folie 3

...

Als ich gestern von der Schule nach Hause kam, rief ich wie immer nach Minka, meinem kleinen Kätzchen: „Minka, ich bin wieder da!" Doch Minka kam nicht. Ich rief erneut: „Minka, wo bist du?" Aber die Katze kam nicht. Ich fragte meine Mutter: „Weißt du, wo Minka steckt?" Mutter antwortete: „Tut mir Leid. Ich war die ganze Zeit in der Küche." Ich rief wieder: „Minka, meine Süße, wo bist du?" Mutter meinte: „Mach dir keine Sorgen, die kommt schon wieder!" Ich erwiderte zögernd: „Denkst du wirklich?" Mutter lachte: „Spätestens wenn sie Hunger hat, ist der kleine Vielfraß wieder da." ...

...

Als ich gestern von der Schule nach Hause kam, rief ich wie immer nach Minka, meinem kleinen Kätzchen: „Minka, ich bin wieder da!" Doch Minka kam nicht. „Minka, wo bist du?", rief ich erneut. Aber die Katze kam nicht. „Weißt du, wo Minka steckt?", fragte ich meine Mutter. „Tut mir Leid", antwortete sie. „Ich war die ganze Zeit in der Küche." Ich rief wieder: „Minka, meine Süße, wo bist du?" „Mach dir keine Sorgen, die kommt schon wieder!", meinte Mutter. Ich erwiderte zögernd: „Denkst du wirklich?" Da lachte Mutter: „Spätestens wenn sie Hunger hat, ist der kleine Vielfraß wieder da." ...

Lerninhalt: Schreiben einer Reizwortgeschichte (Einführung)

Kurzer Unterrichtsverlauf

Hinführung / Wdhg.:

L: Du hast schon viel darüber gelernt, wie du eine spannende Geschichte schreiben kannst.
S zählen auf, z.B. neugierig machende Überschrift, Einleitung und Schluss kurz, Ausrufe- und Fragesätze, Beschreibung von Gedanken und Gefühlen, wörtl. Rede, 1.Vergangenheit ..
ZA: Heute wirst du eine neue Aufsatzart kennenlernen, die **Reizwortgeschichte** (TA).

Hauptteil:

1.TZ: Begriffsklärung

L: Vielleicht hast du eine Vermutung, was hinter dem Wort steckt.
S vermuten - gemeinsame Erarbeitung
L: Das ist ein Fall für unsere Geschichtenmaus.
S formulieren Erkenntnis: Reizwörter im Hauptteil - wichtige Rolle (vergl. TA)

2.TZ: Erfinden einer Geschichte zu den Reizwörtern

L: Unsere Reizwörter heißen Kinder - Zündhölzer - hoher Schaden.
L: Überlege dir zu diesen Wörtern eine kurze Geschichte in der Gruppe.
S erfinden kurze Geschichten und erzählen sie.

3.TZ: Wortschatzarbeit

L: Schau dir die Gesichter der Kinder an (Folie 1, S.54). So fühlten sie sich, als sie die Zündhölzer entdeckten. - S beschreiben die Gefühle, L notiert auf Folie (vergl. Folie 3, S.56).
L: Doch dann geschah etwas Furchtbares. Schau dir die Gesichter nun an (Folie 2, S.55). Beschreiben der Gefühle, evtl. Finden passender Redewendungen (vergl. Folie 3, S.56).
L: Du weißt schon, dass wörtliche Reden eine Geschichte lebendig machen. Überlege mit deinem Partner, was die Kinder rufen könnten. PA - Sammlung an TA
L: Auch ein Feuer kann man treffend beschreiben. Überlege, was du hören, sehen und fühlen kannst. Sammlung, Notation auf Folie (vergl. Folie 3, S.56 unten)

Anwendung: schriftliche Gestaltung der Geschichte

Tafelbild

Reizwortgeschichte

Kinder - Zündhölzer - hoher Schaden

Die Reizwörter müssen alle im Hauptteil der Geschichte vorkommen und eine wichtige Rolle spielen.

Das könnten die Kinder denken oder rufen:

„Oh, schau mal, da liegen Zündhölzer!"
„Komm, lass uns eines anzünden!"
„Ob das Papier wohl brennt?"
„Hilfe, Mami, ich habe Angst!"
„Warum hilft uns denn keiner?"
„Was sollen wir nur tun?"

Folie 1

Folie 2

Folie 3

So fühlten sich die Kinder vorher:

So fühlten sich die Kinder nachher:

Mögliche Ausdrücke:

☺ lustig, fröhlich, neugierig, schelmisch, übermütig, gut gelaunt, angstfrei, sie lachten, sie freuten sich

☹ traurig, erschrocken, ängstlich, angstvoll, furchtsam, elend, aufgeregt, entsetzt, bedrückt, ihre Knie zitterten, ihre Beine wackelten, sie weinten, sie schluchzten, sie schrien

Das Feuer:

passende Tunwörter:
lodern, brennen, knistern, rauchen, Funken sprießen
passende Wiewörter und Namenwörter:
lichterloh, hohe Flammen, schwarzer Rauch

Lerninhalt: Bildhafte Redensarten

Kurzer Unterrichtsverlauf

Einstieg:

Rollenspiel: Mutter putzt. Kind kommt mit dreckigen Schuhen. Mutter: „Jetzt habe ich aber die Nase voll!" Kind: „Dann musst du sie dir putzen." Mutter lacht.

L: Mutter war doch so verärgert und jetzt lacht sie.

S-Äuß.: Mutter meinte es anders, als es das Kind verstand.

ZA: Solche Ausdrücke nennt man bildhafte Redensarten. Du wirst sie heute kennenlernen.

Hauptteil:

1.TZ: Bildhafte Redensarten aus dem Bild erkennen

L: Du kennst vielleicht schon einige bildhafte Redensarten. - S-Äuß.

L: Auf der Tafel sind ein paar bildhafte Redensarten in Bildern dargestellt. Du kennst sie.

S nennen die bildhaften Redensarten, L notiert an TA.

Weitere bildhafte Redensarten auf Folie S.58 (Auflösung s.TA unten) bzw. AB S.59f (Aufgabe 1)

2.TZ: Zuordnen von bildhaften Redensarten zu ihren Erklärungen

L: Auch diese bildhaften Redensarten (Folie S.58 unten) kennst du. Lies dir die Erklärungen und die bildhaften Redensarten leise durch.

S lesen leise, anschließend lautes Vorlesen und Zuordnen durch Verbinden (Auflösung s. TA unten); entsprechend AB S.59/60 (Aufgabe 2).

3.TZ: Mit bildhaften Redensarten werden Geschichten lebendig.

L: Bildhafte Redensarten wirken auch in Geschichten recht anschaulich und lebendig.

Du kannst unserer Geschichtenmaus sicher einen Tipp geben.

S-Äuß.: S formulieren Tipp, L notiert an TA (Geschichtenmaus).

L: Auf deinem AB steht auch eine Geschichte. Lies sie dir leise durch.

S lesen leise, dann laut. Anschließend Versuch in PA die unterstrichenen Ausdrücke durch bildhafte Redensarten zu ersetzen. Mdl. Besprechung.

Anwendung: Schreiben der Geschichte mit bildhaften Redensarten in das Heft.

Tafelbild

Bilder beleben unsere Sprache

Er drückt ein Auge zu.

Ihm stehen die Haare zu Berge

Er frisst einen Besen.

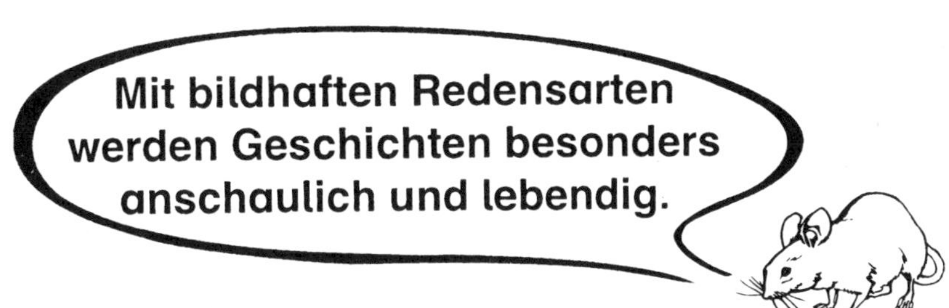

zur Folie: Aufgabe 1: ein Loch in den Bauch reden - ein Brett vor dem Kopf haben - jemandem auf dem Kopf herumtanzen - vor Freude an die Decke springen

Aufgabe 2: 1-4 // 2-7 // 3-5 // 4-8 // 5-6 // 6-2 // 7-1 // 8-3

Folie

Bildhafte Redensarten

Ordne richtig zu.

1) sich mit jemandem nicht vertragen	1) den Kopf in den Sand stecken
2) jemandem eine Absage erteilen	2) kein Blatt vor den Mund nehmen
3) etwas unbedingt wollen	3) die Katze aus dem Sack lassen
4) Schlimmes annehmen	4) wie Hund und Katze leben
5) verrückt sein	5) mit dem Kopf durch die Wand wollen
6) alles frei heraussagen	6) nicht mehr alle Tassen im Schrank haben
7) aufgeben	7) jemandem einen Korb geben
8) ein Geheimnis preisgeben	8) den Teufel an die Wand malen

Deutsch

Bildhafte Redensarten

1) Bildhafte Redensarten rund ums Geld. Kennst du sie?

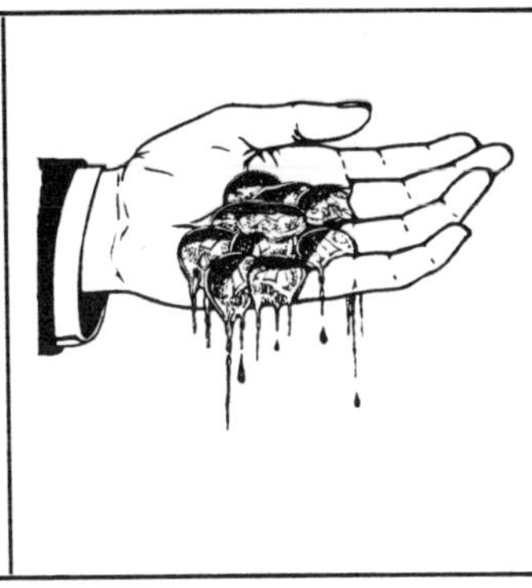

2) Ordne der Erklärung die richtige bildliche Redensart zu.

reich sein ohne viel zu tun	etwas aus dem Ärmel schütteln
sich leicht tun	jemandem unter die Arme greifen
etwas übertreiben	sein Geld im Schlaf verdienen
jemandem helfen	aus einer Mücke einen Elefanten machen
erschrecken	auf glühenden Kohlen sitzen
unruhig sein	das Herz fällt in die Hose

3) Ersetze die unterstrichenen Ausdrücke durch eine passende Redensart. Schreibe die Geschichte in dein Heft.

alle Viere gerade sein lassen - ein Brett vor dem Kopf haben - ein Auge zudrücken - in den saueren Apfel beißen - ein Stein fällt vom Herzen - etwas hinter die Ohren schreiben - die Würmer aus der Nase ziehen - dastehen wie ein begossener Pudel - etwas liegt auf der Zunge

Gestern hatte Simon einen schrecklichen Tag. Er hatte verschlafen und kam zu spät zur Schule. Zum Glück schimpfte der Lehrer nicht. Simon war unheimlich froh. Doch ausgerechnet heute wurde eine Deutschprobe geschrieben. Simon aber fiel überhaupt nichts ein. In der nächsten Stunde wurde er auch noch ausgefragt. Er wusste die Geschichtsdaten genau, konnte sie aber um nichts in der Welt sagen.
Zu Hause fragte ihn Mutter aus. Sie wollte jede Kleinigkeit wissen. „Dann kannst du heute nicht faulenzen!", meinte sie.
Endlich war Simon fertig und er kickte mit seinem Ball. Der aber landete in einer Fensterscheibe, die sofort zerbrach. Simon wusste nicht, was er tun sollte. Sein Vater aber schimpfte: „Das zahlst du von deinem Taschengeld. Merk dir das!" Simon musste wohl oder übel zahlen.

Deutsch		

Bildhafte Redensarten

1) Bildhafte Redensarten rund ums Geld. Kennst du sie?

einen Goldesel haben

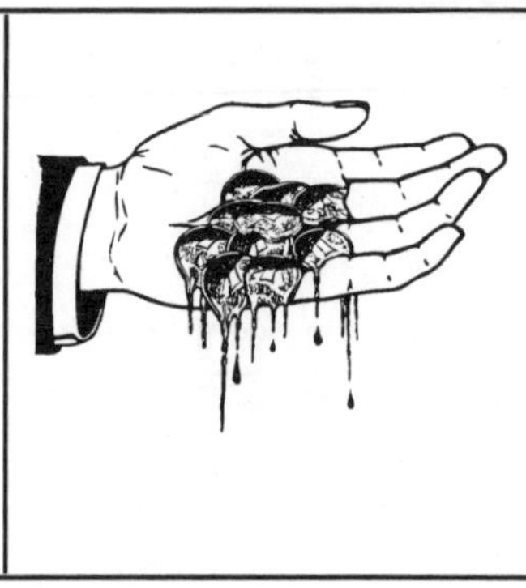

das Geld läuft einem aus der Hand

leere Taschen haben

das Geld zum Fenster hinauswerfen

2) Ordne der Erklärung die richtige bildliche Redensart zu.

reich sein ohne viel zu tun	etwas aus dem Ärmel schütteln
sich leicht tun	jemandem unter die Arme greifen
etwas übertreiben	sein Geld im Schlaf verdienen
jemandem helfen	aus einer Mücke einen Elefanten machen
erschrecken	auf glühenden Kohlen sitzen
unruhig sein	das Herz fällt in die Hose

3) Geschichte mit passenden Redensarten.

Gestern hatte Simon einen schrecklichen Tag. Er hatte verschlafen und kam zu spät zur Schule. Zum Glück drückte der Lehrer ein Auge zu. Simon fiel ein Stein vom Herzen. Doch ausgerechnet heute wurde eine Deutschprobe geschrieben. Simon aber hatte ein Brett vor dem Kopf. In der nächsten Stunde wurde er auch noch ausgefragt. Die Geschichtsdaten lagen ihm auf der Zunge, er konnte sie aber um nichts in der Welt sagen.
Zu Hause fragte ihn Mutter aus. Sie zog ihm richtig die Würmer aus der Nase. „Dann kannst du heute nicht alle Viere gerade sein lassen!", meinte sie.
Endlich war Simon fertig und er kickte mit seinem Ball. Der aber landete in einer Fensterscheibe, die sofort zerbrach. Simon stand da wie ein begossener Pudel. Sein Vater aber schimpfte: „Das zahlst du von deinem Taschengeld. Schreib dir das hinter die Ohren!" Simon musste wohl oder übel in den saueren Apfel beißen.

Lerninhalt: Schreiben einer Eulenspiegelgeschichte

Kurzer Unterrichtsverlauf

Hinführung:
Wir haben schon einige Eulenspiegelgeschichten gelesen. Sie haben einige Gemeinsamkeiten.
S-Äuß.: Arbeit suchen, Spaß machen, Leute hereinlegen, weiterziehen.
ZA: Du darfst heute eine eigene Eulenspiegelgeschichte schreiben. Eulenspiegel soll als Mechaniker oder Gärtner arbeiten.

Hauptteil:
1.TZ: Einleitung und Schluss
L: Eulenspiegelgeschichten beginnen und enden meist ziemlich ähnlich.
S-Äuß., evtl. Präsentation von Einleitung und Schluss auf Folie (AB S.62/63 auf Folie kopiert, Hauptteil abgedeckt)
2.TZ: Sammlung passender „Teekesselwörter" und Redensarten
L: Eulenspiegel versteht Anweisungen gern absichtlich falsch. Teekesselwörter und bildliche Redensarten sind dazu besonders gut geeignet. Überlege dir in der Gruppe solche, die zu Tills Beruf als Mechaniker oder als Gärtner gut passen.
GA (L notiert inzwischen das Merkmal einer Eulenspiegelgeschichte an TA - Geschichtenmaus), Auswertung der GA
Austeilen der beiden Arbeitsblätter (S.62 und 63), evtl. Ergänzen guter Ausdrücke
3.TZ: Abwechslung im Ausdruck
Du weißt schon, was wir bei einer guten Geschichte beachten müssen.
S: 1.Vergangenheit - wörtl. Rede - Gedanken, Gefühle - Wiewörter - Abwechslung im Ausdruck..
L: Wir haben uns schon viele Wörter für „sagen" und „dann" überlegt. Es wirkt aber auch langweilig, wenn du immer „Eulenspiegel" oder „Meister" schreibst. Überlege dir andere Wörter mit deinem Nachbarn. - PA - Auswertung - Notation an TA
Anwendung: Schreiben der Eulenspiegelgeschichte (AB S.62 ff als Hilfestellung)

Tafelbild

Wir schreiben eine Eulenspiegelgeschichte

Till Eulenspiegel
nimmt alles wörtlich.
Er versteht Anweisungen
absichtlich falsch.

Wechsle im Ausdruck ab!

Eulenspiegel	Meister
Till, der Schelm, der Schalk der Geselle, er	Herr ..(Name), der Herr, der Lehrherr, der Lehrmeister, der Fachmann, der Chef, er

Denke daran: Für „sagen" und „dann" gibt es viele Wörter!

Deutsch		

Till Eulenspiegel nimmt alles wörtlich und versteht Anweisungen absichtlich falsch

Till als Mechaniker

Einleitung:

Einst kam Till nach ... und suchte Arbeit. Herr ..., ein Mechaniker von Beruf, brauchte gerade einen Gesellen. Sogleich stellte sich Eulenspiegel vor. Froh darüber, so schnell einen neuen Gesellen gefunden zu haben, stellte ihn der Meister ein.

Hauptteil:

Der Meister sprach:	Er meinte damit:	Till verstand es so:
Mutter holen / anziehen	eine Schraubenmutter holen / festdrehen	die Mutter des Mechanikers holen / bekleiden
Federn suchen	Federn aus Metall	Vogelfedern
Zahnräder besorgen	Zahnräder aus Metall besorgen	aus Zähnen von einem Tier Räder basteln
Birnen holen	Glühbirnen	Birnen zum Essen
das Schloss ansehen	das Türschloss	ein Königsschloss
mit Volldampf arbeiten	schnell arbeiten	viel Dampf erzeugen (z.B. Dampfreiniger)
Gas geben	schnell arbeiten	im Auto Gas geben
den Nagel auf den Kopf treffen	genau das Richtige sagen	einen Nagel auf den Kopf halten und treffen
grünes Licht haben	etwas tun dürfen	die Glühbirne grün anmalen

Schluss:

Till zog weiter und suchte sich eine neue Lehrstelle.

Deutsch		

Till Eulenspiegel nimmt alles wörtlich und versteht Anweisungen absichtlich falsch

Till als Gärtner

Einleitung:

Einst kam Till nach ... und suchte Arbeit. Herr ..., ein Gärtner von Beruf, brauchte gerade einen Gesellen. Sogleich stellte sich Eulenspiegel vor. Froh darüber, so schnell einen neuen Gesellen gefunden zu haben, stellte ihn der Meister ein.

Hauptteil:

Der Meister sprach:	Er meinte damit:	Till verstand es so:
Hahn öffnen	einen Wasserhahn	einen Gockel schlachten
Tau suchen	ein festes Seil	Tautropfen (Wasser-) suchen
einen Strauß besorgen	einen Blumenstrauß besorgen	den Vogel Strauß suchen
den Rasen sprengen	gießen	in die Luft sprengen
die Tonne leeren	die Wassertonne leeren	dem Lehrling das Gewicht, die Tonne beibringen(lehren)
sich in ein Mauseloch verkriechen	sich schämen	versuchen in ein Mauseloch zu kommen
ein Brett vor der Stirn haben	nichts verstehen	sich ein Brett vor die Stirn halten
das Gras wachsen hören	Dinge hören, die es gar nicht gibt	sich auf den Boden legen und horchen
sich in die Nesseln setzen	sich etwas eingebrockt haben	sich in die Brennnesseln setzen
in den saueren Apfel beißen	dafür einstehen müssen	in einen saueren Apfel beißen

Schluss:

Till zog weiter und suchte sich eine neue Lehrstelle.

Deutsch		

Das Lustige bei den Eulenspiegelgeschichten besteht darin, dass Eulenspiegel die Befehle seines Meisters gerne absichtlich falsch versteht. „Teekesselwörter“ oder bildliche Redensarten können dir dabei helfen.

Weitere Möglichkeiten zum Hauptteil:

Jäger:

Feder (Vogelfeder, Schreibfeder) - Löffel (Hasenohren, Besteck) -
Hahn (Gockel, Wasserhahn) - Lerche (Vogel), Lärche (Nadelbaum) -
Beeren (Früchte), Bären (Raubtier) - Flügel (Vogelflügel, Klavierflügel) -
ins Garn gehen (gefangen werden, mit Garnknäuel umwickeln) -
auf's Korn nehmen (fangen, etwas auf eine Schaufel mit Korn nehmen)

Schreiner:

Bank (Sitzbank, Geldbank) - Mutter (Schraubenmutter, Mama) -
auf den Leim gehen (angeschmiert werden, auf Klebstoff gehen) -
den Nagel auf den Kopf treffen (etwas richtig sagen, einen Nagel auf den Kopf halten und treffen) - hinter die Ohren schreiben (sich etwas merken, mit dem Stift hinter die Ohren schreiben)

Koch:

Schimmel (auf der Speise, Pferd) - Futter (Essen, Kleidung) -
Zunge (vom Tier, vom Schuh) - Birne (Obst, Glühbirne) -
Löffel (Besteck, Hasenohr) - backen, packen - Beeren, Bären -
mit den Hühnern ins Bett gehen (zeitig zu Bett gehen, mit den Tieren..) -
an die frische Luft setzen (hinausschmeißen, in die frische Luft setzen)

Pfarrer:

an die große Glocke hängen (etwas herumsagen, an die Glocke hängen) -
auf Händen tragen (etwas hüten, etwas auf den Händen tragen) -
wie seinen Augapfel hüten (auf etwas aufpassen, seinen Augapfel betrachten) -
einem auf's Dach steigen (jemanden schimpfen, auf das Dach steigen) -
etwas aus dem Ärmel schütteln (leicht können, aus dem Kleiderärmel schütteln)

Kaufmann:

Blatt (Papier, Laub) -
Geld aus dem Fenster werfen (Geld ausgeben, aus dem Fenster hinauswerfen)-
einen Strich durch die Rechnung machen (etwas vermießen, einen Strich durch die Rechnung ziehen) -
in der Kreide stehen (Schulden haben, in weißer Kreide stehen) -
im Geld schwimmen (reich sein, in Münzen und Scheinen schwimmen) -
auf die Goldwaage legen (etwas genau nehmen, auf eine Waage aus Gold legen)

Lerninhalt: Erarbeitung der (ersten) Nacherzählung

Kurzer Unterrichtsverlauf

Einstieg:
Bild 1 und 2 (S.66 und 67) - freie S-Äuß.
ZA: Wir werden heute eine Nacherzählung zu dieser Geschichte schreiben.
Hauptteil:
1.TZ: Klärung des Begriffs „Nacherzählung“
L: Du hast vielleicht eine Vermutung, was hinter dem Begriff „Nacherzählung“ steckt.
S-Vermutungen, anschl. Klärung im Unterrichtsgespräch, Merkmale an TA (Geschichtenmaus)
2.TZ: Textbegegnung, mdl. Wiedergabe
(eine Hälfte der Klasse im Gruppenraum)
- L liest einer Hälfte der Klasse den Text (S.68) vor.
- PA: S erzählen einem Partner (Kind im Gruppenraum) die Geschichte.
- UG: Hat der Partner die Geschichte richtig verstanden und richtig wiedergegeben?
- L liest der ganzen Klasse den Text nochmal vor.
- UG: Beurteilung und Vergleich: Hat der Partner etwas hinzugefügt / vergessen?
3.TZ: Hinweise zur Sprachgestaltung
mdl. Nacherzählen der Geschichte durch einige Schüler (evtl. TB-Aufnahme)
Verbesserungsvorschläge unter Beachtung der bereits erlernten Stilmittel, eine spannende Erzählung zu schreiben: 1.Verg. / wörtl. Rede / Abwechslung im Ausdruck ...
evtl. kann der auf Folie kopierte Text zu Hilfe genommen werden, z.B. auch für die Zeichensetzung bei wörtl. Rede.
Anwendung:
schriftliche Sprachgestaltung: Entwurf der Nacherzählung
gegenseitiges Vorlesen, Korrektur in Schreibkonferenzen (s. S.141 ff)

Tafelbild

Das junge Gänslein
(Nacherzählung)

Das muss ich bei einer Nacherzählung beachten:

- Ich höre aufmerksam zu.
- Ich beachte die Reihenfolge der Erzählschritte.
- Ich lasse nichts Wichtiges weg und phantasiere nichts Neues dazu.
- Der Leser muss merken, dass ich die Geschichte verstanden habe.
- Ich beachte auch die bisher erlernten Merkmale einer guten Erzählung.

Bild 1

Bild 2

Text

Das junge Gänslein

Eine junge Gans bat die Gansmutter: „Darf ich in den Wald spazieren gehen?“ Die Mutter antwortete: „Lass das, bald schon wird es dunkel. Das ist zu gefährlich!“ Doch die junge Gans folgte nicht und zog los. Auf einmal hörte sie eine betörende Stimme, die aus einer Höhle neben ihr kam. „Ach, liebe Gans, du hast sicher Hunger. Darf ich dich zum Essen einladen?“ Dass es der Fuchs war, konnte die Gans in der Dunkelheit nicht erkennen. Sie antwortete: „Aber gerne, was gibt es denn Feines?“ „Gänsebraten“, rief der Fuchs und verschlang es.

(Verfasser unbekannt)

Merkeintrag:

Unter einer **Nacherzählung** versteht man das Nach-Erzählen einer meist zweimal vorgelesenen Geschichte.

Beim ersten Hören versuchst du den **Sinn der Geschichte** zu erfassen.
Beim zweiten Hören achtest du auf die **Reihenfolge der Erzählschritte.**

Lerninhalt: Abgewandelte Nacherzählung

Kurzer Unterrichtsverlauf

Einstieg:
Bild 1 (S.70): Fuchs und eine Schar Gänse - freie S-Äuß.
ZA: Ich habe dir zu diesem Bild eine Geschichte (Fabel) mitgebracht, die du nacherzählen sollst, dabei sollst **du** heute eine Rolle in der Geschichte übernehmen.

Hauptteil:
Hinführung / Wdhg.:
Begriff und Vorgehensweise bei einer Nacherzählung (vergl. vorhergehende Stundeneinheit)
1. TZ: Textbegegnung - Kennenlernen und Verstehen der Geschichte
erstes Vorlesen der Geschichte - mdl. Wiedergabe durch einzelne Schüler (s. Text S.72)
zweites Vorlesen der Geschichte - anschl. szenisches Spiel
2.TZ: Änderung der Sichtweise
Bildimp. Bild 2 (S.71): Gans mit ihren Kindern
L: Als die Gans selbst Kinder hatte, erinnerte sie sich wieder an dieses Erlebnis mit dem Fuchs. Sie wollte ihnen die Geschichte erzählen.
L: Du sollst nun in die Rolle der Gansmutter (des Gansvaters) schlüpfen. Du warst also eine der Gänse. Damit musst du einiges in der Geschichte ändern.
UG - Notation der Änderungen an TA
Im Hinblick auf die abgewandelte Nacherzählung hat unsere Geschichtenmaus einen Tipp für uns parat (TA), S formulieren, L notiert in Sprechblase (vergl. TA).
3.TZ: Schriftliche Gestaltung
drittes Vorlesen der Geschichte
Aufschreiben der G

Ausklang:
Besprechung der Gesc

Der Fuchs und die Gänse
(abgewandelte Nacherzählung)

vorgelesene Geschichte	abgewandelte Nacherzählung
fette Gänse	meine wohlgenährten Freunde und ich
die erschrockenen Gänse	wir erschraken
eine Gans fragte	eine Kameradin (ich) fragte
die Gänse	wir

Beachte, dass du die Geschichte aus einer anderen Sichtweise erzählst.
Denke dich in die Figur hinein!
Schreibe in der Ich-Form!

Folie / Bild 1

Folie / Bild 2

Text der Nacherzählung

Der Fuchs und die Gänse

Ein Fuchs kam auf eine Wiese. Dort saßen fette Gänse. „Da komme ich ja wie gerufen!“, sprach der Fuchs. Die erschrockenen Gänse baten um Gnade. „Nichts da“, rief der Fuchs, „ihr müsst sterben!“ Da nahm sich endlich eine Gans ein Herz und fragte: „Wenn wir schon sterben müssen, dürfen wir noch schnell ein Gebet sprechen?“ „Das ist eine fromme Bitte“, sagte der Fuchs, „ich will sie euch gewähren. Ich warte inzwischen.“

Die Gänse fingen an ein Gebet zu sprechen. Der Fuchs wurde ungeduldig und rief: „ Wann seid ihr endlich fertig?“ Aber die Gänse hatten sich vorgenommen möglichst lange zu beten. „Jetzt ist es aber genug“, rief der Fuchs, „hört jetzt auf!“

Im selben Augenblick schrie eine Stimme vom Waldrand herüber: „Jetzt habe ich dich!“ Ein Schuss krachte, der Fuchs machte einen Satz und blieb dann tot liegen. Der Jäger trat aus dem Wald, hob den Fuchs hoch und verschwand damit wieder im Wald. Die Gänse aber flatterten froh heimwärts.

(Verfasser unbekannt)

Lerninhalt: Ein Märchen erfinden / schreiben

Kurzer Unterrichtsverlauf

Vorausgehende Unterrichtseinheiten:
Lesen mehrerer Märchen und Feststellen von Merkmalen, die auf viele Märchen zutreffen.

Einstieg:
Wdh. der Merkmale vieler Märchen (vergl. TA unten)

Hauptteil:
ZA: Du darfst heute selbst ein Märchen erfinden.

1.TZ: Festlegen von Personen, Ort, Beginn und Ende

L: Weil bei Märchen das Glück immer eine kleine Rolle spielt, soll das Glück auch bei uns mitentscheiden.

1) Rollenwahl: je Gruppe eine Drehscheibe und einen Zeiger (s. S.74) auf Tonpapier kopieren, S (in GA) oder L schneiden die Teile aus und stechen einen Zahnstocher durch Zeiger und Mittelpunkt der Scheibe. Durch Antippen der Scheibe dreht sich diese, die Spitze des Zeigers gibt die Rolle an, die im Märchen vorkommen soll. Jeder der Gruppe kommt abwechselnd an die Reihe, bis er drei verschiedene Rollen für sich notiert hat (evtl. kann eine vierte Rolle zusätzlich erwürfelt werden).

2) Anfang, Ende, Ort und Märchenzahl erwürfeln (Würfelblatt s. S.75):
Je Gruppe ein Würfelblatt, reihum wird gewürfelt, der jeweils erwürfelte Anfang und Schluss (ob gut oder böse entscheidet der Schüler selbst), sowie Ort und Märchenzahl werden von jedem Schüler für sich notiert.

3) Sprücheblatt (ein Blatt pro Bank) (s. S.76)
L: Viele Märchen enthalten Sprüche. Du darfst dir Hilfe bei diesem Blatt holen und bekannte Märchensprüche abwandeln oder selbst welche erfinden. - Lesen der Sprüche

2.TZ: Erfinden eines Märchens zu den gedrehten oder erwürfelten Vorgaben

Schreiben des Märchens: Beachtung von 1.Verg., wörtl. Rede, Abwechsl. im Ausdruck ...

Ausklang: Vorlesen des eigenen Märchens, Verbesserung in Schreibkonferenzen (s. S.141 ff)

Tafelbild

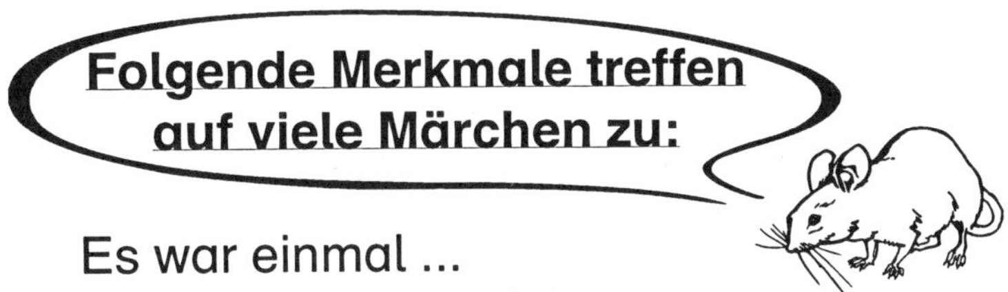

Märchenanfang:	Es war einmal ... Vor vielen, vielen Jahren ...
Schlussformel:	Und wenn sie nicht gestorben sind, dann leben sie noch heute. Sie lebten glücklich und zufrieden ihr Leben lang.
Verse / Sprüche:	z.B. Knusper, knusper, knäuschen, wer knuspert an meinem Häuschen.
Märchenrollen:	König, Prinzessin, Riese, Zwerg, Fee, Zauberer, Hexe ...
Moral:	Im Märchen gibt es oft Gute und Böse. Der Gute wird belohnt, der Böse bestraft.
Inhalt:	Märchenhafte Welt und märchenhafte Zeit, vieles ist erfunden, nicht wahr.
Zahlen:	Manche Zahlen erscheinen oft in Märchen, z.B. die Zwei, die Drei, die Sieben und die Zwölf.

Mein Märchen-Personen-Rad

Schneide das Rad und den Zeiger aus. Stecke einen Zahnstocher durch das Loch im Zeiger und die Mitte des Rades.
Stoße anschließend die Scheibe an, so dass sie sich dreht. Dort wo sie stehen bleibt, gibt dir die Spitze des Zeigers an, welche Person in deinem Märchen eine Rolle spielen soll. Schreibe sie auf und drehe wieder. Wiederhole das Ganze so oft, bis du drei verschiedene Rollen erhalten hast.
Beim Kleeblatt darfst du dir eine Rolle aussuchen.

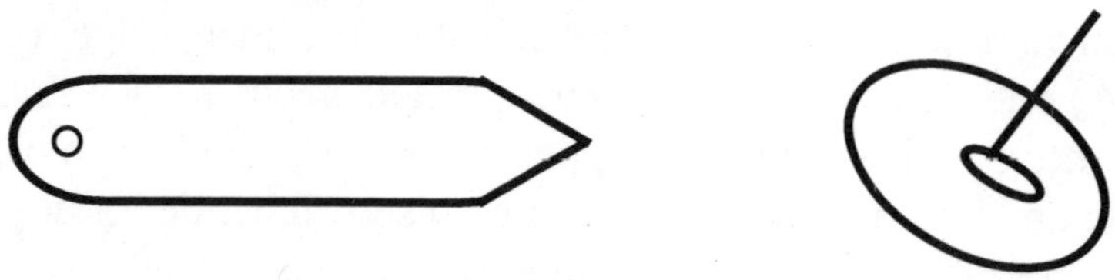

Deutsch		

Würfelblatt

Würfle deinen Märchenanfang.

⚀ Es war einmal ...
⚁ Es ist nun schon lange her, da lebte ...
⚂ Vor langer Zeit war ein ...
⚃ Vor vielen, vielen Jahren lebte
⚄ In den alten Zeiten, wo das Wünschen noch geholfen hat, da lebte ...
⚅ An einem Sommermorgen vor langer, langer Zeit ...

Würfle einen Schluss, der ausdrückt, dass die Guten belohnt werden ...

⚀ Und wenn sie nicht gestorben sind, dann leben sie noch heute.
⚁ Nun lebten sie vergnügt und es ging ihnen wohl bis an ihr Ende.
⚂ Sie erreichten in ungestörtem Glück ein hohes Alter.
⚃ Nun fehlte nichts mehr zu ihrem Glück, so lange sie lebten.
⚄ Sie lebten lange Jahre in Glück und Frieden.
⚅ Sie waren glücklich für ihr ganzes Leben.

... oder dass die Bösen bestraft werden.

⚀ So waren sie für ihre Bosheit auf ihr Lebtag bestraft.
⚁ ... bis sie tot zur Erde fiel.
⚂ Da ist er gestorben und liegt tot bis auf den heutigen Tag.
⚃ ... und sein ganzes Hab und Gut war in Grund und Boden vernichtet.
⚄ ... und kamen ihr Lebtag nicht wieder.
⚅ Ob sie noch leben, das steht bei Gott.

Würfle den Ort, wo dein Märchen spielen soll.

⚀ Schloss
⚂ Wald
⚄ Berg, Gebirge

⚁ Teich oder See
⚃ Dorf oder Stadt
⚅ freie Auswahl

Würfle die Zahl, die in deinem Märchen vorkommen soll.

⚀ freie Auswahl
⚂ drei
⚄ zwölf

⚁ zwei
⚃ sieben
⚅ freie Auswahl

Märchen-Sprüche (Ausschnitte) zur Auswahl und zum Abwandeln

Was rumpelt und pumpelt
in meinem .... herum?

..., was machst du?
Schläfst du oder wachst du?

Knusper, knusper, ...,
wer knuspert an meinem ....?

Manntje, Manntje, Timpe ...,
Buttje, Buttje, in den ...

....rüttel dich und schüttel dich,
wirf ... über mich.

Rucke di guh, rucke di ...,
... ist im ...

Strip, strap, stroll,
...

Lieber ... lass mich leben,
ich will dir auch ... geben.

Er wandert seinen Weg
über Brücke und Steg.
Bald da, bald dort,
immer fort und fort.

Spieglein, Spieglein an der Wand,
wer ist die Schönste im ganzen Land?

Heute back ich, morgen brau ich,
übermorgen hol ich ...
Ach, wie gut, dass niemand weiß,
dass ich ... heiß.

Lerninhalt: Der persönliche Brief: Einladung zu einer Schulfeier

Kurzer Unterrichtsverlauf

Motivation: Schulfeier steht vor der Tür

ZA: Wir wollen Freunde, Verwandte und Bekannte zu unserem Schulfest einladen.

Hauptteil:

1.TZ: Inhalt der Einladung - Stichpunktartige Sammlung

L: Mit der Einladung sollen unsere Gäste einiges erfahren. Sammelt Stichpunkte in der Gruppe.

GA - Auswertung im UG, L notiert an TA.

2.TZ: Anrede und Schlussformel / Gruß

L: Trotz all dieser Informationen fehlt unserer Einladung noch etwas Wichtiges.

S-Äuß.: Anrede und Schluss - L: Du kennst sicher passende Anreden.

S-Äuß. (meist vertraute Anreden) - L notiert an TA (oder Folie), S auf AB (s. S.79/80)

L: Nicht alle Gäste können wir so anreden.

Sammlung von Anreden für weniger vertraute Leute (TA oder Folie / AB s. S.79/80)

L: Passend zur Anrede müssen wir auch den Schluss / Gruß unserer Einladung formulieren.

S-Vorschläge (TA oder Folie / AB s. S.79/80)

3.TZ: Anredefürwörter

L: Überlege dir zusammen mit deinem Partner Wörter, mit denen du den Empfänger unserer Einladung anreden kannst. Denke daran, manche Leute sind dir vertraut, manche nicht.

Sammlung vertrauter und höflicher Anredefürwörter (TA oder Folie / AB s. S.79/80)

L: Bei einem Brief soll man besonders auf rechtschriftliche Richtigkeit achten. Bei den Anredefürwörtern gibt es noch eine Besonderheit. - Höfliche Anredefürwörter schreibt man groß.

4.TZ: Briefform

L: Ein Brief soll besonders schön und sauber sein. Daher musst du auch die Briefform beachten.

S-Vorwissen - Betrachten der Folie (S.78) und Besprechung der Form

Zusammenfassung: Tipps (Geschichtenmaus-TA)

Schriftliche Ausformung: Schreiben einer (höflichen) Einladung

Tafelbild

Wir schreiben eine Einladung (Persönlicher Brief)

Das sollte deine Einladung enthalten:

Ort, Datum, Uhrzeit,
Art der Feier, evtl. kurzer Auszug aus dem Programm,
Freude über Kommen

Passende Anrede und Gruß mit Unterschrift

Beachte diese Tipps für deinen Brief:

- Beachte die Form: Ort, Datum, Anrede, Inhalt, Gruß.
- Wähle eine passende Anredeformel und Grußformel.
- Höfliche Anredefürwörter schreibt man groß.
- Achte auf saubere Schrift und auf die Rechtschreibung.

Folie 1 : Briefform

Ort und Datum

Anrede

Inhalt:
wichtige Informationen
Ausdruck der Freude über Kommen

Schlussformel / Gruß

Unterschrift

Briefumschlag

Absender: Sabine Bauer
Rosenheimer Str. 12
83135 Schechen

Briefmarke

Herrn
Kurt Freund
Bahnhofstr. 3
83024 Rosenheim

Adresse des Empfängers

Deutsch		

Wir schreiben eine Einladung (Persönlicher Brief)

Die Anrede

Vertraute Anrede:

____
____
____
____
____
____
____

Höfliche Anrede:

____
____
____
____
____
____
____

Die Schlussformel / der Gruß

Vertraute Schlussformel:

____
____
____
____
____
____
____

Höfliche Schlussformel:

____
____
____
____
____
____
____

Die Anredefürwörter

Vertraute Anredefürwörter:

____
____
____

Ich schreibe sie _______________.

Höfliche Anredefürwörter:

____
____
____

Ich schreibe sie _______________ .

Deutsch		

Wir schreiben eine Einladung (Persönlicher Brief)

Die Anrede

Vertraute Anrede:	Höfliche Anrede:
Liebe(r)...!	Sehr geehrte(r) Frau (Herr)...!
Hallo ihr!	Liebe(r) Frau (Herr)...!
Meine liebe...! Mein lieber...!	Sehr verehrte(r) Frau (Herr) ...!
Hallo ...!	
Meine Lieben!	
Hi, Kumpel!	

Die Schlussformel / der Gruß

Vertraute Schlussformel:	Höfliche Schlussformel:
Liebe Grüße...	Mit freundlichen Grüßen...
Alles Liebe ...	Viele Grüße von ...
Herzliche Grüße ...	Mit liebem Gruß ...
Tschüss ...	Herzlichst ...
Sei herzlichst gegrüßt ...	Es grüßt sie ...
Bis bald ...	Auf Wiedersehen...
	Hochachtungsvoll ...

Die Anredefürwörter

Vertraute Anredefürwörter:	Höfliche Anredefürwörter:
du, dir, dich, dein, deine..	Sie, Ihr, Ihre, Ihrem, Ihnen
ihr, euch, euer, euere..	
Ich schreibe sie **klein**.	Ich schreibe sie **groß** .

Lerninhalt: Der sachliche Brief: Dankschreiben

Kurzer Unterrichtsverlauf

Motivation: Anschluss an Unterrichtsgang - Dank für die Führung
ZA: Herr NN hat uns so gut geführt, wir wollen ihm heute dafür in einem Brief danken.
Hauptteil:
1.TZ: Inhalt des Dankschreibens - Stichpunktartige Sammlung
L: Überlege dir in der Gruppe, wofür du Herrn NN danken könntest.
GA - Auswertung im UG, Sammlung der Stichpunkte an TA (Seitentafel)
L: Es wirkt langweilig, wenn du jeden Satz mit „Danke, dass ...“ beginnen würdest. Überlege zusammen mit deinem Partner, wie du deinen Dank anders formulieren könntest.
PA - Auswertung im UG, Sammlung der Formulierungen an TA
Für den Empfänger ist es auch wichtig zu erfahren, was dich gefreut hat oder vielleicht auch, was dir weniger gefallen hat. Überlege dir auch hierfür passende Formulierungen. - PA w.o.
Mündliche Vorformung des Briefinhalts durch einzelne Schüler
2.TZ: Anrede und Schlussformel / Gruß, Anredefürwörter
Wdhg. - vergl. persönlicher Brief
3.TZ: Äußere Form
L: Bei einem Dankschreiben handelt es sich um einen sachlichen Brief an eine uns weniger vertraute Person. Hier musst du die äußere Form ganz besonders beachten.
Aktivierung des Vorwissens, anschl. Besprechung der einzelnen Teile anhand der Folie 1 (S.82): Ort und Datum, vollständige Absenderangabe, vollständige Anschrift, Betreffvermerk in Nominalform, evtl. Bezug auf vorhergehende Schreiben, Anredeformel, Brieftext, Grußformel, Unterschrift
Beachtung von Leerzeilen und Linksbündigkeit bzw. Rechtsbündigkeit von Ort und Datum
Sicherung: Ausfüllen der Lücken und Leerfelder auf AB (s. S.83 und 84)
Schriftliche Ausformung: Verfassen des Dankschreibens

Tafelbild

Wir verfassen ein Dankschreiben (Sachlicher Brief)

So kannst du deinen Dank ausdrücken:
Danke, dass ...
Herzlichen Dank dafür, dass ...
Vielen Dank, dass ..
Wir möchten uns recht herzlich dafür bedanken, dass ...
Dafür dass Sie ...., sagen wir Ihnen ein herzliches Dankeschön.

So kannst du deine Freude ausdrücken:
Es freute uns, dass ...
Es bereitete uns Freude, dass ...
... machte uns großen Spaß.

Achte beim sachlichen Brief besonders auf die äußere Form. Denke daran: Höfliche Anredefürwörter schreibt man groß.

Folie 1:

Name, Adresse, evtl. auch Telefonnummer des Absenders links oben	Name Klasse 4a Grundschule Hochstätt 83135 Schechen/Hochstätt Hochstätt, 7.7.05	Ort, Datum rechts oben
Leerzeilen		
Anschrift des Empfängers, evtl. mit beruflichem Titel	Herrn Bürgermeister Hans Holzmeier Gemeinde Schechen 83135 Schechen	
Leerzeilen		
Anlass des Schreibens	Unser Besuch in der Gemeinde am 5. Juli 05	Komma nach der Anrede: klein weiterschreiben; Ausrufezeichen nach der Anrede: groß weiterschreiben
Leerzeile Anrede Leerzeile	Sehr geehrter Herr Holzmeier, (!)	
Brieftext	....	
Schlussformel Gruß	Mit freundlichen Grüßen	
Vor- und Familienname des Unterzeichnenden, Funktion	*eigenhändige Unterschrift* Schüler(in) der Klasse 4a	kein Satzzeichen nach Unterschrift

Deutsch		

Wir verfassen ein Dankschreiben (Sachlicher Brief)

Bei einem sachlichen Brief ist es gut, vor der Anrede kurz anzugeben, was das Schreiben ______________, man nennt dies den ______________-______________. Er enthält den ______________ des Briefes in ______________________.

Meist lautet die Anredeformel: ________________________________,

die Schlussformel: ____.

Manchmal findet man auch noch das Wort: „______________________".

Die höflichen Anredefürwörter „______________________________"

schreibt man ____________.

Die einzelnen Teile des sachlichen Briefes und ihre Anordnung:

[redacted] [redacted]

[redacted]

[redacted]

[redacted]

[redacted]

[redacted]

[redacted]

Deutsch		

Wir verfassen ein Dankschreiben (Sachlicher Brief)

Bei einem sachlichen Brief ist es gut, vor der Anrede kurz anzugeben, was das Schreiben *bezweckt*, man nennt dies den *Betreff-vermerk*. Er enthält den *Inhalt* des Briefes in *Stichpunkten*.

Meist lautet die Anredeformel: *Sehr geehrte(r) .....* ,

die Schlussformel: *Mit freundlichen Grüßen* ...

Manchmal findet man auch noch das Wort: „*Hochachtungsvoll*“.

Die höflichen Anredefürwörter „*Sie, Ihr, Ihnen*“ schreibt man *groß*.

Die einzelnen Teile des sachlichen Briefes und ihre Anordnung:

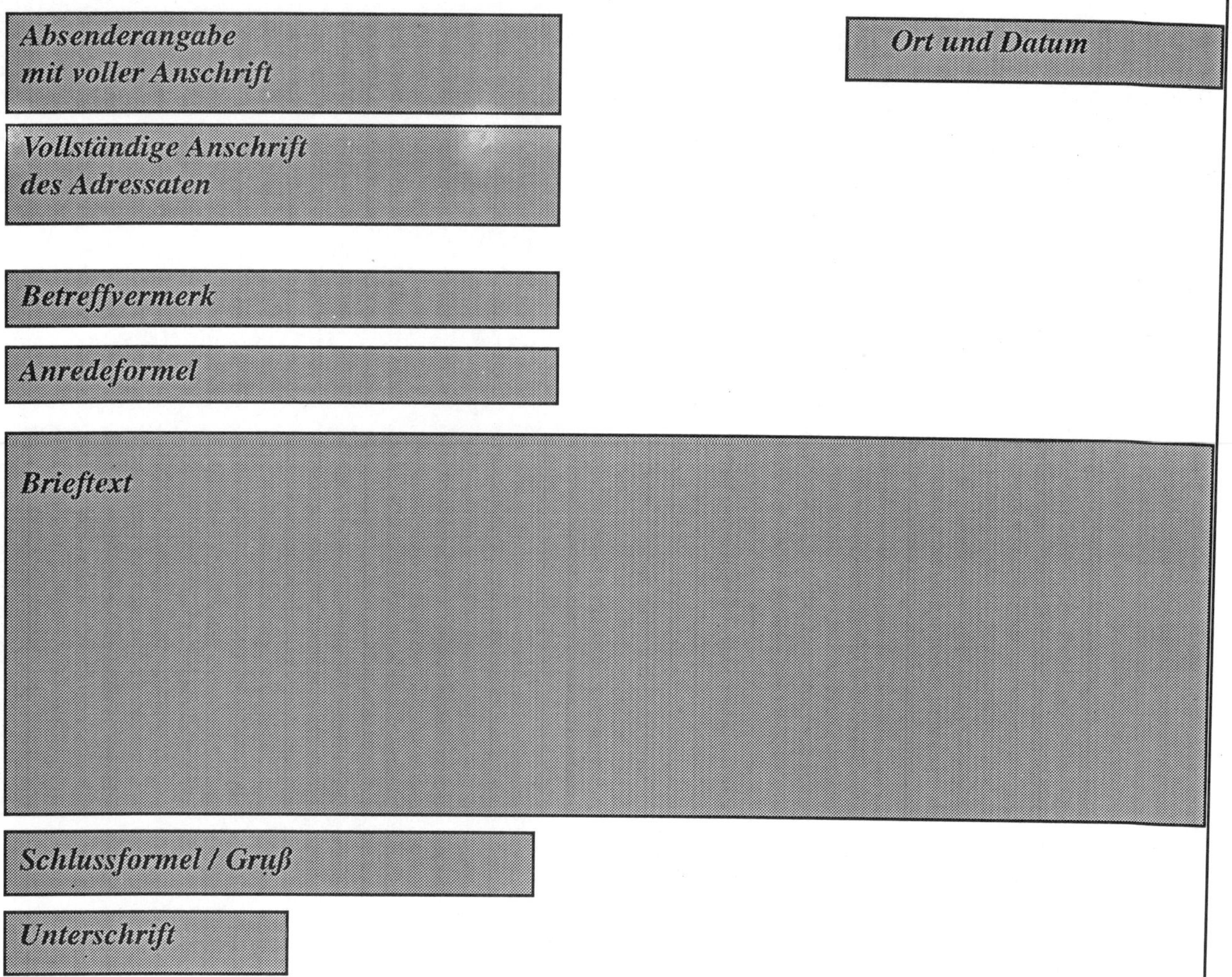

Lerninhalt: Personenbeschreibung: Pippi Langstrumpf

Kurzer Unterrichtsverlauf

Motivation: Rätsel: S beschreiben Mitschüler - Überleitung L-Rätsel: Gesucht ist ein Mädchen. Du kennst es aus Buch und Film. Es hat rote Haare, die zu abstehenden Zöpfen geflochten sind.
ZA: Die Person „Pippi Langstrumpf" (P.L.) sollst du heute beschreiben.
Hauptteil:
1.TZ: Aussehen von P.L., Verwendung von Wiewörtern
Aktivierung des Vorwissens: L: Du weißt bestimmt schon eine Menge über P.L.s Aussehen.
S beschreiben, L notiert an TA (vorb. Bild von P.L. mit Pfeilen).
L: Wichtige Stellen, wie Astrid Lindgren P.L. beschreibt, habe ich für dich aufgeschrieben (Folie 1, S.86). Wir können unsere Beschreibung von P.L. kontrollieren und ergänzen.
Vervollständigung des Bildes und der TA, S notieren auf AB (S.88).
L: Wenn du dir unsere Beschreibung ansiehst, fällt dir eine Wortart besonders auf.
S: Wiewort, Erkenntnis: Mit Wiewörtern können wir genauer beschreiben. (Tipp-Geschichtenm.)
2.TZ: Einhaltung der Reihenfolge
L: Ich werde jetzt eine Beschreibung von P.L.versuchen.
Negativbeispiel: Reihenfolge durcheinander - S-Protest
Erarbeitung einer gut geeigneten Reihenfolge, z.B. (Körperform,) Kopf, Kleidung (Tipp-TA)
3.TZ: Abwechslung im Ausdruck, besonders Vermeidung von „ist" und „hat"
L(prov.): Vielleicht gefällt dir diese Beschreibung besser. - Negativbeispiel: Folie 2 (S.87)
S-Protest: ständig „ist" und „hat"; GA: Suche nach besseren Ausdrücken (Folie 2 / AB)
4.TZ: Einleitung und Schluss
L: Auch wenn dir meine Beschreibung nicht ganz gefallen hat, so erkennst du doch die drei Teile der Personenbeschreibung. S: Einleitung - eigentl. Beschreibung - Schluss
PA: Formulierung geeigneter Einleitungs- und Schlusssätze, UG
Srftl. Ausformung: Personenbeschreibung von P.L. unter Beachtung der erarb. Merkmale

Tafelbild

Pippi Langstrumpf
(Personenbeschreibung)

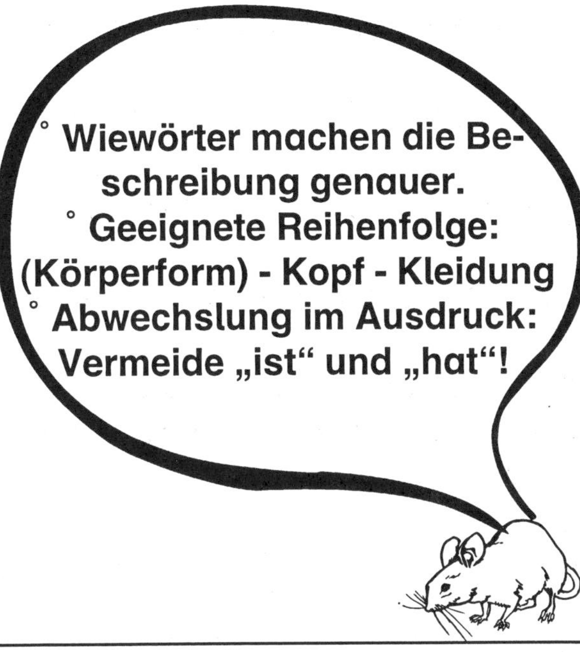

Folie 1 / Folienbild:

Auszüge aus Astrid Lindgrens „Pippi Langstrumpf":

Ihr Haar hatte dieselbe Farbe wie eine Möhre (...„Das reine Feuer!"...) und war in zwei feste Zöpfe geflochten, die vom Kopf abstanden.

Ihre wasserblauen Augen funkelten.

Sie strahlte über ihr sommersprossiges Gesicht.

Ihre Stupsnase hatte dieselbe Form wie eine ganz kleine Kartoffel.

Sie steckte einen ganzen Eierpfannkuchen in den riesig breiten Mund.

Ihr Kleid war wunderschön grün, wie Gras; aber weil der Stoff nicht gereicht hatte, war es zu kurz. Die sonnengelbe Schürze zierten karierte Taschen.

In ihre schwarzen Schuhe konnte sie noch hineinwachsen.

Folie 2:

Pippi Langstrumpf (Personenbeschreibung)

Kennst du Pippi Langstrumpf? Wenn nicht, dann pass gut auf, ich beschreibe sie dir.

Pippi ist ein ganz besonderes Mädchen. Sie hat feuerrotes Haar. Sie hat fest geflochtene, abstehende Zöpfe. Sie hat wasserblaue Augen. Ihr Mund ist riesig breit. Sie hat eine kleine Stupsnase. Im Gesicht hat sie viele Sommersprossen.
Pippi hat ein grasgrünes, etwas zu kurzes Kleid. Die Schürze ist gelb. Sie hat karierte Taschen. Pippi hat lange, bunte Strümpfe. Sie hat große, schwarze Schuhe.

Kannst du dir jetzt vorstellen, wie Pippi Langstrumpf aussieht?

Astrid Lindgren hat „ist“ und „hat“ vermieden. Du kannst es auch:

Die rote Haarfarbe fällt auf.
Pippi flicht ihr Haar / Zöpfe stehen ab.
Augen strahlen / funkeln.
Sie lacht mit riesigem Mund. / Sie steckt ganze Pfannkuchen ...
Die Nase sitzt / steckt im Gesicht. - Die Nase sieht aus wie ..
Sommersprossen sitzen im Gesicht, zieren das Gesicht, das Gesicht ist übersät mit ..
Sie trägt / besitzt ein Kleid.
Die Schürze sieht wie ... aus.
Taschen sind aufgenäht / .. zieren die Schürze.
Strümpfe wirken lustig.
Pippi schwimmt in ihren großen Schuhen.

Deutsch		

Pippi Langstrumpf
(Personenbeschreibung)

Vornamе: ______________________

Name: ______________________

Haare: ______________________

____

Augen: ______________________

Nase: ______________________

____

Mund: ______________________

Besondere Kennzeichen: ______________________

Kleidung

Kleid: ______________________

____

Schürze: ______________________

Strümpfe: ______________________

Schuhe: ______________________

Für „ist“ und „hat“ gibt es bessere Ausdrücke:

____

____

____

____

Lerninhalt: Wir schreiben Waldtier-Rätsel.

Kurzer Unterrichtsverlauf

Vorausgehende Unterrichtseinheit(en): Tiere des Waldes (Sachunterricht)
Motivation: Mdl. Verfassen kurzer Tierrätsel. Wer ein Tier errät, beschreibt ein neues.
ZA: Wir werden heute Tierrätsel aufschreiben.
Hauptteil:
1.TZ: Stichpunktartige Samml. von Informationen zu Waldtieren (als Vorarbeit im Sachunt. mögl.)
L: Überlege zu welchen Bereichen du dem Leser Informationen über dein Tier geben solltest.
S-Äuß.,U-Gespräch: Samml. der Bereiche wie Aussehen, Lebensraum usw. (s. Tierkarten S.90ff)
Zu ausgewählten Tieren Sammlung von Informationen in GA zu den Bereichen unter Benutzung von Sachbüchern, Tierbüchern, Lexika, Internet; stichpunktartiges Notieren auf einem Zettel; falls weniger Zeit vorhanden ist, Vorgabe durch Tierkarten (s. S.90 ff)
2.TZ: Mündliches Verfassen ausführlicherer Tierrätsel
L: Auch Rätsel bestehen wie Geschichten aus drei Teilen. S: Einleitung, Hauptteil, Schluss
L: Überlege dir mit deinem Partner passende Einleitungs- und Schlusssätze.
PA, Auswertung, L notiert einige Beispiele an TA.
L: Nun kannst du uns dein Rätsel stellen. S versuchen genaue Tierrätsel zu formulieren.
Anhand dieser Versuche oder anhand des Negativbeispiels S.92 (Baummarder) werden im Klassengespräch typische Fehler bzw. Tipps für die Geschichtenmaus erarbeitet (vergl. TA).
Fehler: Bandwurmsätze, Reihenfolge etwas durcheinander, ständig „ist“ und „hat“...
3.TZ: Abwechslung im Ausdruck, besonders Vermeidung von „ist“ und „hat“
L: „Ist“ und „hat“ solltest du vermeiden. Überlege dir zusammen mit deinem Partner bessere Wörter. - PG - Auswertung - L not. an TA.
4.TZ: Srftl. Verfassen eines Tierrätsels unter Beachtung der Merkmale
Aufschreiben der Rätsel
Ausklang: Tierrätsel schön gestalten und aufhängen (Lösung auf der Rückseite)

Tafelbild

Wir verfassen Tierrätsel

Mögliche Einleitungssätze:
Kennst du dieses Waldtier?
Ich bin gespannt, ob du mein Tier errätst.
Mein Tier ist ein typischer Bewohner des Waldes. Erkennst du es?
Mögliche Schlusssätze:
Weißt du jetzt, welches Waldtier ich meine?
Wie heißt mein Tier?
Mein Tier ist ein typischer Bewohner des Waldes. Erkennst du es?

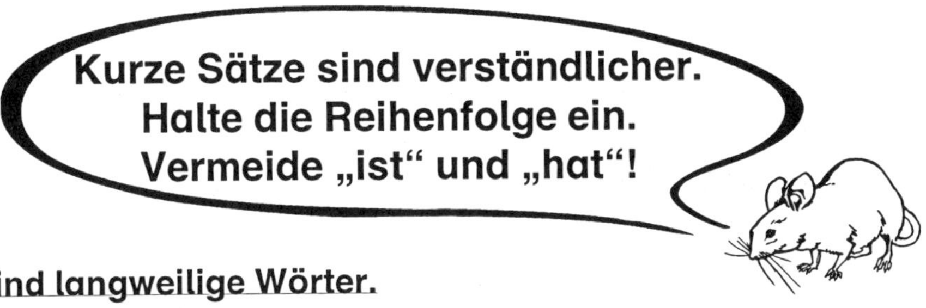

„Ist“ und „hat“ sind langweilige Wörter.
So kannst du sie z.B. vermeiden:
Mein Tier lebt ... Du erkennst es an ... An meinem Tier fällt auf ... Sein Fell sieht aus ... Es besitzt ... Es unterscheidet sich von anderen Tieren durch ... Es gehört zu den kleineren Tieren. Es frisst ... Auf seinem Speisezettel stehen ...

Der Fuchs

Lebensraum: Wald, Waldrand, in unterirdischen Höhlen

Aussehen: Fell rotbraun, Bauch weiß; buschiger Schwanz mit weißer Spitze, spitze Ohren, lange Schnauze

Größe: bis zu 90 cm lang, Schwanz bis zu 40 cm lang, bis zu 7 kg schwer

Nahrung: Wirbeltiere (Kleintiere), meist Mäuse, kranke Hasen, aber auch Schnecken, Würmer, Raupen, Käfer, Früchte

Feinde: der Mensch

Besonderheiten:
sieht, hört und riecht sehr gut;
legt Erdbauten mit mehreren Ausgängen an;
Tollwut gefährdet;
Jungtiere heißen Welpen;
schläft tagsüber in seiner Höhle

Das Eichhörnchen

Lebensraum: Wälder, Parks, Gärten;
Kobel: ein mit Gras, Moos und Haaren ausgepolstertes, kugelförmiges Nest auf Bäumen

Aussehen: Fell rot, braun oder schwarz; buschiger Schwanz; Ohren im Winter mit Haarpinsel; Nagezähne

Größe: bis zu 30 cm, Schwanz bis zu 25 cm lang

Nahrung: Nüsse, Eicheln, Bucheckern, Fichtensamen, auch Knospen, Käfer, Insektenlarven, Eier, junge Vögel; sammeln Früchte und verstecken sie als Vorrat

Feinde: z.B. Baummarder, Habicht, Uhu

Besonderheiten:
Tagtier; kein Winterschlaf;
sehr flink

Das Wildschwein

Lebensraum: Laub- und Mischwald mit genügend Deckung und sumpfigen Stellen

Aussehen: Fell dicht, lange Borsten, dunkel- bis hellgrau; Kopf lang mit knorpeliger Rüsselscheibe; Eckzähne oder Hauer des Männchens verlängert
Größe: etwa 140 cm lang, Schulterhöhe knapp 1 m, bis zu 190 kg schwer

Nahrung: Allesfresser: Mäuse, Würmer, Schnecken, Aas, Käfer, Früchte, Wurzeln, Pilze, Knollen

Feinde: der Mensch

Besonderheiten:
Lebenszeit etwa 20 Jahre;
Jungtiere heißen Frischlinge, braungelb mit dunklen Längsstreifen;
nachtaktiv; lebt in Rotten

Der Dachs

Lebensraum: Wälder, selbst gegrabene Dachsbauten

Aussehen: schwarz-weiße Kopfzeichnung, lange Schnauze;
Vorderfüße mit großen Krallen

Größe: bis zu 70 cm, Schwanz bis zu 20 cm lang

Nahrung: Allesfresser: Wurzeln, Knollen, Früchte, Regenwürmer, Mäuse

Feinde: der Mensch

Besonderheiten:
sehr reinlich, Toilette außerhalb des Baus;
nachtaktiv;
lebt gesellig

Das Reh

Lebensraum: Laub- und Mischwald, in der Ebene und im Gebirge

Aussehen: Sommerkleid rotbraun, Winterkleid graubraun, Rehkitz weiß gefleckt; kurzer hell gefärbter Schwanz;
Männchen mit Stangengeweih, je Stange meist bis zu drei Enden, Weibchen ohne Geweih

Größe: 135 cm groß

Nahrung: Gräser, Kräuter, Klee, Früchte;
im Winter die Triebe junger Bäume

Feinde: Hunde, der Mensch

Besonderheiten:
vorwiegend Dämmerungs- und Nachttier, wo es ungestört ist, äst es auch am Tag; lebt in Rudeln

Negativbeispiel:

Tierrätsel

Ich bin gespannt, ob du mein Tier errätst.

Mein Tier lebt in Nadelwäldern und hat ein gelbbraunes Fell und der Kehlfleck ist meist gelb und es ist bis zu 50 cm lang und hat einen Schwanz, der bis zu 25 cm lang ist, und es ist schon ganz schön selten. Seine Nahrung sind Eier und Eichhörnchen.

Weißt du, welches Tier ich meine?

Auflösung: Baummarder

Lerninhalt: Gegenstandsbeschreibung: Fahrrad gestohlen

Kurzer Unterrichtsverlauf

Motivation: st.Imp.: Folienbild S.94, S-Äuß. **(Fächerverbindung: Sachunterricht)**
L: Elke ist auf dem Weg zur Polizei. Du weißt, was sie dort tun muss. - S: Fahrrad beschreiben.
ZA: Du wirst heute lernen, wie du dein Fahrrad profimäßig beschreiben kannst.

Hauptteil:

1.TZ: Verwendung von Fachausdrücken, sprachliche Durchdringung
L: Bei der Polizei muss Elke ihr Fahrrad so genau wie möglich beschreiben. Gut, dass sie in der Schule erst gelernt hat, wie die einzelnen Teile heißen. Kennst du sie auch?
AB „Fachbegriffe rund ums Rad" (S.95) - S benennen die Teile (Auflösung s. S.95 unten), L not. Begriffe auf der Folie, S auf dem AB (Tipp für Geschichten-Maus, S-Äuß., L not. an TA).

2.TZ: Verwendung von Wiewörtern
L: Die Polizei interessiert aber auch, welche Art von Rad Elkes Rad ist, welche Farbe es hat, wie alt und wie groß es ist. Du weißt, welche Wortart Elke beim Beschreiben helfen kann.
S: Wiewörter - Formulierung des Tipps (TA) - L: Versuche nun Elkes Fahrrad zu beschreiben.
Erste mdl. Beschreibungsversuche (Vorteilhaft wäre für jede Gruppe ein Farbbild eines Rades, z.B. ausgeschnitten aus Prospekten oder ein richtiges Rad im Klassenzimmer.)

3.TZ: Abwechslung im Ausdruck, besonders Vermeidung von „ist" und „hat"
L: Die Polizei wäre mit deinen Beschreibungen sicher recht zufrieden. Wenn du jetzt aber eine Gegenstandsbeschreibung verfassen sollst, achte darauf „ist" und „hat" zu vermeiden. - Tipp(TA)
L: Überlege dir zusammen mit deinem Partner bessere Wörter. - PG - Auswertung - L not. an TA

4.TZ: passende Einleitung und passender Schluss
L: Außer dem Aussehen des Rades wird die Polizei sicher noch etwas von Elke wissen wollen.
S-Äuß.: Ort und Zeit des Diebstahls - L: Das kannst du gut in deiner Einleitung unterbringen.
L: Auch der Schluss soll zu deiner Beschreibung passen. - S-Vorschläge

5.TZ: Verfassen einer Fahrradbeschreibung nach Schreibplan (s. S.96)

Ausklang: Vorlesen der Beschreibungen, Verbesserung in Schreibkonferenzen (s. S.141 ff)

Tafelbild

Fahrrad gestohlen
(Gegenstandsbeschreibung)

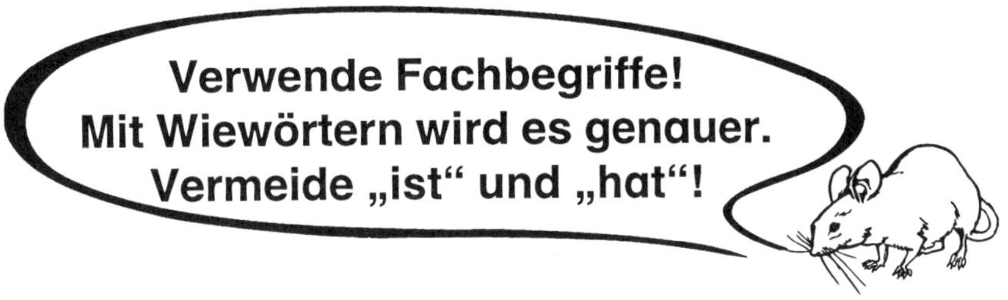

„Ist" und „hat" sind langweilige Wörter.
So kannst du sie z.B. vermeiden:

Das Rad	besitzt, ist ausgestattet mit, ist ausgerüstet mit, verfügt über...
Am Rad	befindet sich, gibt es, kommt vor, ist vorhanden, liegt, steht, sitzt, existiert, ...
Zum Rad	gehört ....
Bremsen, Lichter, Klingel ..	funktionieren
Schutzblech, Netz ...	schützen
die Werkzeugtasche	hängt

Folienbild:

Deutsch		

Fachbegriffe rund ums Rad

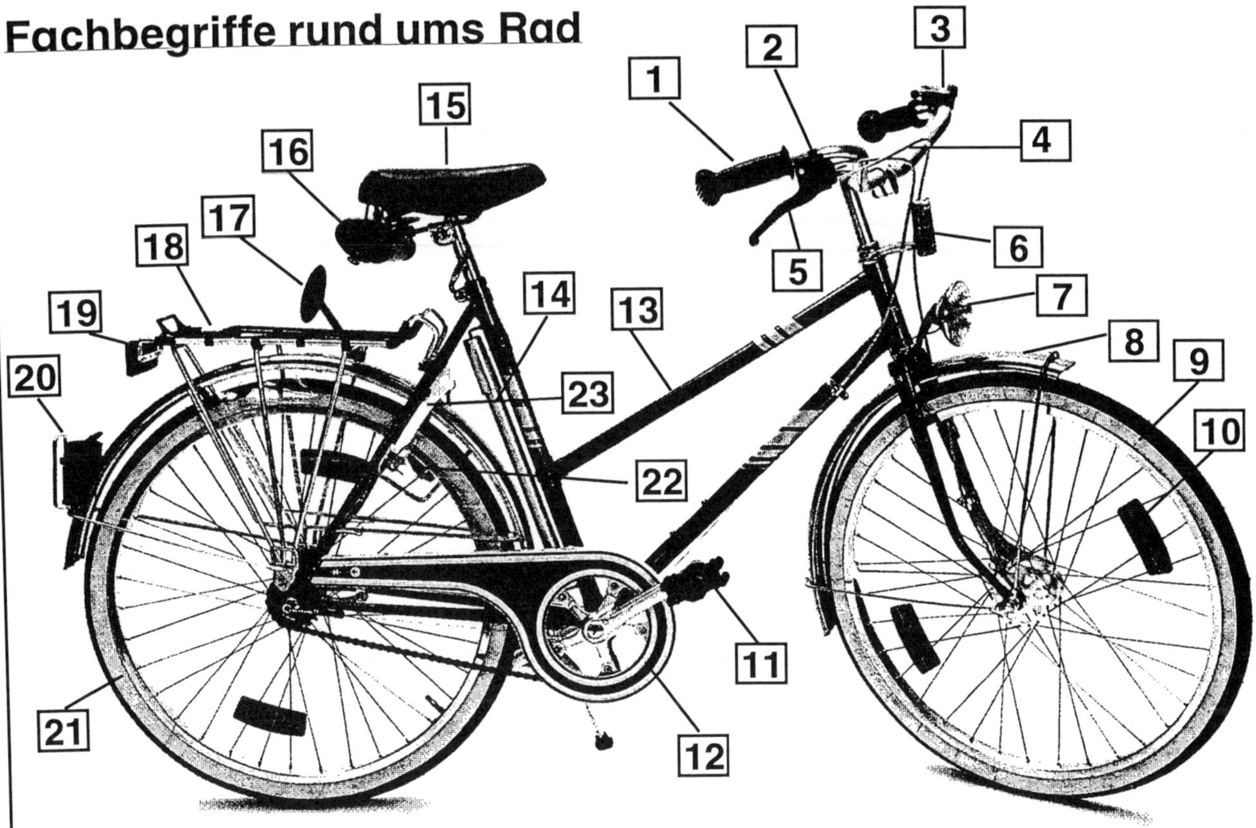

1) ______________________
2) ______________________
3) ______________________
4) ______________________
5) ______________________
6) ______________________
7) ______________________
8) ______________________
9) ______________________
10) ______________________
11) ______________________
12) ______________________
13) ______________________
14) ______________________
15) ______________________
16) ______________________
17) ______________________
18) ______________________
19) ______________________
20) ______________________
21) ______________________
22) ______________________
23) ______________________

____

1) Griff - 2) Gangschaltung - 3) Klingel - 4) Lenker - 5) Vorderradbremse - 6) weißer Frontrückstrahler - 7) Scheinwerfer - 8) Schutzblech - 9) Reflektorstreifen - 10) Speichenstrahler - 11) Pedal mit Pedalstrahler - 12) Kettenschutz - 13) Rahmen - 14) Luftpumpe - 15) Sattel - 16) Werkzeugtäschchen - 17) Abstandskelle - 18) Gepäckträger - 19) roter Großflächenrückstrahler - 20) Schlussleuchte - 21) Weißwandreifen - 22) Dynamo - 23) Steckschloss

Fahrrad gestohlen (Gegenstandsbeschreibung)

Schreibplan mit Wortmaterial:

Einleitung:
Fahrrad gestohlen - Ort, Zeit - so sieht es aus

Hauptteil:
Art des Rades:
Mädchenrad, Jungenrad, BMX-Rad, Mountainbike, Downhill-Bike, City-Cruiser, Klapprad, Dreigangrad, 21-Gang-Rad, Rennrad, Trekkingrad, Crossrad, Tourenrad
Größe und Alter des Rades:
groß, mittelgroß, klein
nagelneu, neu, alt, gebraucht, verrostet
Farbe des Metallrahmens:
blau, rot, gelb, grün, schwarz, silber, golden
Ausrüstung, Bestandteile:
Sattel (Form, weich, hart, Gelsattel, gepolstert, mit Überzug, Farbe), Reifen (Reifengröße in Zoll, Reifendicke dünn oder dick, Farbe des Radmantels: weiß, rotbraun oder schwarz, Reflektorstreifen, Speichenstrahler, abgefahren, mit Profil),
Pedale mit Pedalstrahler, Schutzblech, Gepäckträger, Scheinwerfer, Schlussleuchte, Dynamo, Frontstrahler, Rückstrahler, Batterielicht,
Glocke, Bremseinrichtung, Gangschaltung
zusätzliche Bestandteile:
Tachometer, Fahrradcomputer, Satteltasche, Luftpumpe, Abstandshalter, Werkzeugtäschchen, Fahrradnetz am Hinterreifen

Schluss:
Hoffnung, dass man Fahrrad wieder bekommt

Lerninhalt: Kochanleitung: Pfannkuchen backen

Kurzer Unterrichtsverlauf

Vorausg. UE: z.B. Förderunterricht: Gemeinsames Backen und Essen von Pfannkuchen

ZA: Damit du dir auch zu Hause einen Pfannkuchen backen kannst, schreiben wir heute dazu eine Backanleitung.

Hauptteil:

1.TZ: Beachten der richtigen Reihenfolge

L: Hier kannst du das Backen von Pf. auf Bildern sehen (Folie 1, S.98 zerschneiden, Folienbilder in falscher Reihenfolge auflegen) - S-Äuß.: Bilder sind durcheinander geraten.

L (prov.): Es ist doch egal, mit welchem Bild man beginnt.

S-Protest: Reihenfolge ist wichtig.

L: Damit hast du bereits den ersten Tipp für unsere Geschichten-Maus. S-Äuß., L not. an TA.

L: Bevor es an die Zubereitung geht, sind einige Vorbereitungen zu treffen.

S zählen Zutaten und Gerätschaften auf, L not. an TA (Zutaten.., Vorbereitungen..).

2.TZ: Verwendung von Fachausdrücken, sprachliche Durchdringung

L: Karli hat das Backen eines Pf. so aufgeschrieben: Folie 2 (S.99), lautes Vorlesen durch S

S stellen fest: immer „tun" - gemeinsames Sammeln besserer Ausdrücke

L: Damit kennst du den zweiten Tipp unserer Geschichten-Maus. - S-Äuß., L not. an TA.

L: Ich habe einige besser geeignete Tunwörter auf Folienkärtchen geschrieben (s. Folie 1, S.98). Ordne sie den Bildern zu. - S ordnen, L not. zusätzlich unter „Zubereitung" an TA.

3.TZ: Mündliche und schriftliche Verfassung einer Backanleitung

L: Mit den Bildern und Tunwörtern ist es nun ganz leicht eine Backanleitung zu schreiben. Uns fehlt aber noch eine passende Einleitung und ein passender Schluss.

S form. verschiedene Möglichk. für Einleitung und Schluss, L notiert jeweils eine gute an TA.

Nach einigen mdl. Versuchen srftl. Verfassen der Backanleitung (evtl. Schreibplan, S.100, als Hilfestellung insbesondere für schwächere Schüler bereithalten).

Ausklang: Vorlesen der Backanleitungen, Verbesserung in Schreibkonferenzen (s. S.141 ff)

Tafelbild

Wir backen Pfannkuchen
(Kochanleitung)

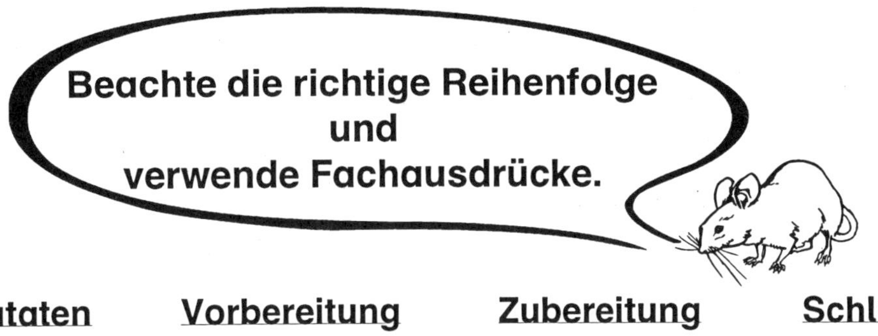

Einleitung	Zutaten	Vorbereitung der Gerätschaften	Zubereitung	Schluss
schmeckt	100 g Mehl	Rührschüssel	schütten, einrühren,	Gutes
köstlich,	1/4 ℓ Milch	Quirl oder	dazugeben, salzen,	Gelingen!
leicht her-	4 Eier	Schneebesen	verquirlen	
zustellen	Salz	Messbecher	stellen, geben,	Guten
	Fett	Stielpfanne	schmelzen, erhitzen,	Appetit!
		Schöpflöffel	gießen, backen,	
		Teigheber	wenden, fertig backen	

Folie 1:

Pfannkuchen backen

1

schütten

einrühren

2

dazugeben

salzen

verquirlen

3

stellen

geben

schmelzen

erhitzen

4

gießen

backen

wenden

Folie 2: Text zum Erkennen der Notwendigkeit von Fachausdrücken:

Wir backen Pfannkuchen
(Kochanleitung)

Pfannkuchen zu backen ist kinderleicht.

Du brauchst dazu folgende Zutaten:
100 g Mehl
1/4 ℓ Milch
4 Eier
Salz
etwas Fett zum Backen

Bevor du backen tust, musst du folgende Gerätschaften hertun:
eine Rührschüssel, einen elektrischen Quirl oder Schneebesen, einen Messbecher, eine Stielpfanne, einen Schöpflöffel und einen Teigheber.

Zuerst tust du Mehl in eine Schüssel. Dann tust du Milch dazu und tust beides verrühren. Nun tust du die Eier dazu und tust alles durcheinander. Auch eine Prise Salz musst du dazutun.
Jetzt tust du die Pfanne auf die Platte und tust etwas Fett hinein. Wenn es heiß ist, tust du so viel Teig in die Pfanne, bis der Boden bedeckt ist. Du lässt den Kuchen backen, dann tust du ihn umdrehen und lässt ihn weiter backen.
Wenn er fertig ist, tust du ihn mit Marmelade füllen.

Guten Appetit.

Wir backen Pfannkuchen (Kochanleitung)

Einleitung: schmecken köstlich, kinderleicht zu backen

Zutaten:
100 g Mehl
1/4 ℓ Milch
4 Eier
Salz
etwas Fett zum Backen

Gerätschaften:
Rührschüssel, elektrischer Quirl oder Schneebesen, Messbecher, Stielpfanne, Schöpflöffel, Teigheber.

Zubereitung
- Mehl in Schüssel schütten
- Milch einrühren
- Eier, Prise Salz dazugeben
- mit Quirl verrühren
- Bratpfanne auf den Herd stellen
- etwas Fett hineingeben
- schmelzen und erhitzen
- mit Schöpfkelle Teig in die Pfanne geben, Boden eben bedeckt
- Pfannkuchen backen, wenden, fertig backen
- mit Marmelade füllen

Schluss
Gutes Gelingen! Guten Appetit.

Lerninhalt: Wir lernen die (Bastel-)Anleitung kennen.

Kurzer Unterrichtsverlauf

Vorausgehende Unterrichtseinheit: Kunst ca. 4 Unterrichtsstunden

Malen wie die Steinzeitmenschen: Vormalen mit Kohle, Ausmalen mit den Fingern oder Stöckchen mit selbst angerührter Farbe aus Tonpulver

Einstieg: Kurt war von unseren ausgestellten Steinzeitbildern begeistert.

ZA: Damit auch andere Kinder wie die Steinzeitmenschen malen können, werden wir heute aufschreiben, wie wir vorgegangen sind. Diese Textart wird (Bastel-, Mal-)Anleitung genannt.

Hauptteil:

1.TZ: Merkmale einer Anleitung

L: Du hast sicher eine Vermutung, was eine Anleitung alles enthalten muss und was du beim Schreiben einer Anleitung beachten sollst.

Freie S-Äuß. bzw. geleitetes UG - Aufschreiben der Erkenntnisse, vergl. TA (Geschichten-Maus)

2.TZ: Sammeln von Material und Vorgehensweise in Stichpunkten

L: Du kannst dich sicher erinnern, was wir alles an Material benötigt haben.

L: Überlege zusammen mit deinem Partner und notiere das Material auf deinem Block.

PA - Besprechung, Zusammentragen des Materials, Auflegen der Folie (nur Material S.102)

L: Auf der Folie habe ich die einzelnen Schritte in Stichpunkten aufgeschrieben. Helft mir zu überprüfen, ob ich auch nichts vergessen habe. Denke dabei an die Einhaltung der Reihenfolge.

S-Äuß. bei verdeckter Folie (S.102), L deckt stückweise auf, wenn der Schritt genannt wurde.

3.TZ: Unterschiedliche Satzanfänge

L: Ich habe dir die Anleitung eines ehemaligen Schülers mitgebracht. Er hat die Merkmale einer Anleitung gut beachtet. Trotzdem ist ihm etwas nicht so gut gelungen.

S lesen die Anleitung (Folie 2, S.104) (leise/laut) und stellen fest: „Immer nur dann."

L: Für dann gibt es viele Wörter. - UG: gemeins. Suche nach anderen Satzanfängen (WK-Blatt S.103), Hinweis auf die Möglichkeit der Satzumstellung

Anwendung: Schreiben der Anleitung (evtl. Schreibplan, S.102, als Hilfestellung kopieren)

Tafelbild

Malen wie die Steinzeitmenschen
(Bastel-, Malanleitung)

Merkmale einer Anleitung:

- **kurzer Einleitungssatz**
- **Angabe des benötigten Materials und der voraussichtlichen Bastelzeit**
- **Aufschreiben aller wichtigen Arbeitsschritte in der richtigen Reihenfolge**
- **Verwendung von kurzen, klaren Sätzen**
- **Gebrauch von Fachausdrücken**
- **Abwechslung im Ausdruck, insbesondere Vermeidung des Wortes „dann"**
- **Schreibzeit ist die Gegenwart**
- **kurzer Schlussgedanke**

Anm.:
Beim Schreiben einer Bastelanleitung ist es hilfreich, den Gegenstand zuvor gebastelt zu haben.

Folie 1:

Malen wie die Steinzeitmenschen
(Anleitung)

Einleitung

Um wie die Steinzeitmenschen malen zu können, benötigt man einige Zutaten.

Zeit und Material

Material:
großes Kartonpapier, Kohlestift,
verschiedenfarbiges Tonpulver, Wasser, Eier,
Quark, Honig (Menge jeweils abhängig von der Anzahl der Farben)
Holzstäbchen, Esslöffel, Schüssel
Zeit: etwa 3 Stunden

Hauptteil

Zuerst - Farbe anrühren.
Sechs Esslöffel eines Tonpulvers - Schüssel.
Ein bis zwei Esslöffel Wasser - dazugeben - mit Holzstäbchen verrühren.
Darauf - ein Ei, zwei Esslöffel Quark, zwei Esslöffel Honig - hinzufügen.
Nun - gut vermischen.
Farbe - breiig, sämig. Zu fest - etwas Wasser.
Jetzt - weitere Farben aus andersfarbigem Tonpulver - herstellen.

Nach dem Anrühren - Vorzeichnen des Motivs, z.B. Mammut, mit Kohle.
Motiv möglichst groß - ganzen Karton ausfüllen.

Ausmalen mit Finger oder Holzstäbchen.

Schluss

Viel Spaß beim Malen.

Wortkartenblatt:

zuerst	
als Erstes	
zunächst	
darauf	jetzt
danach	nun
als Nächstes	
schließlich	
zuletzt	

Deutsch		

Textblatt

Malen wie die Steinzeitmenschen (Anleitung)

Um wie die Steinzeitmenschen malen zu können, benötigt man einige Zutaten.

Material:
zum Vormalen: großes Kartonpapier, Kohlestift;
für die Farbe: verschiedenfarbiges Tonpulver, Wasser, Eier, Quark, Honig (Menge jeweils abhängig von der Anzahl der Farben);
zum Rühren und Malen: Schüssel, Esslöffel, Holzstäbchen

Zuerst musst du die Farben anrühren.
Du gibst sechs Esslöffel von dem Tonpulver in eine Schüssel. Dann gibst du einen bis zwei Esslöffel Wasser dazu. Dann verrührst du beides mit einem Holzstäbchen. Dann fügst du ein Ei, zwei Esslöffel Quark und zwei Esslöffel Honig hinzu. Dann vermischst du die Masse gut. Die Farbe sollte dann breiig oder sämig sein. Ist sie zu fest, dann gibst du noch ein bisschen Wasser dazu. Dann musst du noch weitere Farben aus andersfarbigem Tonpulver herstellen.
Wenn du die Farben angerührt hast, dann zeichnest du mit Kohle dein Motiv auf Tonpapier vor. Das Motiv sollte möglichst groß sein und den ganzen Karton ausfüllen. Dann kannst du dein Bild mit deinen Fingern oder dem Holzstäbchen mit den Tonfarben ausmalen.

Viel Spaß beim Malen.

Lerninhalt: Spielanleitung: Himmel und Hölle (Hüpfspiel)

Kurzer Unterrichtsverlauf

Vorbereitung: Spielen des Spiels, z.B. in einer Sportstunde

Einstieg:

L: Du kannst dich an das Spiel „Himmel und Hölle" erinnern.

ZA: Damit du die Spielregeln auch später noch weißt oder das Spiel anderen Kindern erklären kannst, schreiben wir heute eine Spielanleitung dafür auf.

Hauptteil: Wiederholung:

L: Du weißt schon, was du beim Schreiben einer guten Anleitung beachten sollst.

S zählen auf: z.B. kurze, klare Sätze, Reihenfolge beachten, Zeitstufe Gegenwart (s.Anl. S.101ff)

1.TZ: Aufbau einer Spielanleitung

L: Eine Spielanleitung hat einen ganz klaren Aufbau. Evtl. S-Äuß., ansonsten Vorgabe durch L:
Einleitungssatz - Vorbereitung des Spiels - Spielverlauf - Spielende - Schlusssatz (TA)

L: Du hast bestimmt eine Vermutung, was alles im Teil der Spielvorbereitung stehen muss.

S-Äuß. - Klärung im UG (TA) / entsprech. Klärung der anderen Teile der Spielanleitung (s.TA)

2.TZ: Erarbeitung der Spielanleitung für „Himmel und Hölle"

L: Jetzt kennen wir den allgemeinen Aufbau einer Spielanleitung. Schauen wir uns das im Hinblick auf unser Spiel „Himmel und Hölle" (Folie 1, S.106, auflegen) an.

Einleitungssatz: S-Vorschläge, z.B. Spiel für die Pause, am besten im Freien zu spielen

Spielvorbereitung: PG nach den Punkten an TA, anschl. Sammlung, L not. auf Folie oder TA (entsprechend Folie 2, S.107).

Spielverlauf: GG, anschl. Samml. der Punkte, Reihenfolge beachten (L not. w.o., vergl. Folie 2)

Spielende: Sieger ist, ... L not. auf Folie oder TA (entsprechend Folie 2, S.107).

Schlusssatz: S-Vorschläge, z.B. Viel Spaß...

Schreiben der Spielanleitung unter Beachtung des Aufbaus und der erarbeiteten Punkte (evtl. Schreibplan (S.107) als Hilfestellung für schwächere Schüler bereitstellen)

anschl. Vorlesen, Verbesserung in Schreibkonferenzen (vergl. S. 141 ff)

Tafelbild

Himmel und Hölle
(Spielanleitung)

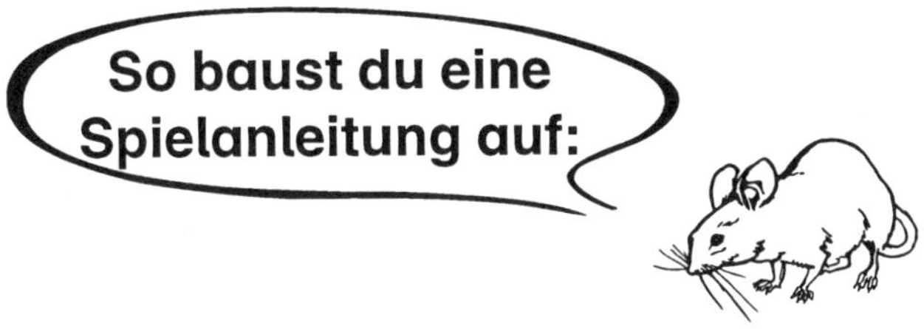

1) kurzer **Einleitungssatz**

2) **Spielvorbereitung**
- Anzahl der Mitspieler
- benötigtes Spielmaterial
- Spielfeld
- evtl. Aufstellung

3) **Spielverlauf**
- Beginn
- Aufgaben der Mitspieler
- Ziel des Spiels
- Besonderheiten

4) **Spielende**
- Schluss / Sieger

5) **kurzer Schlusssatz**

Folie 1:

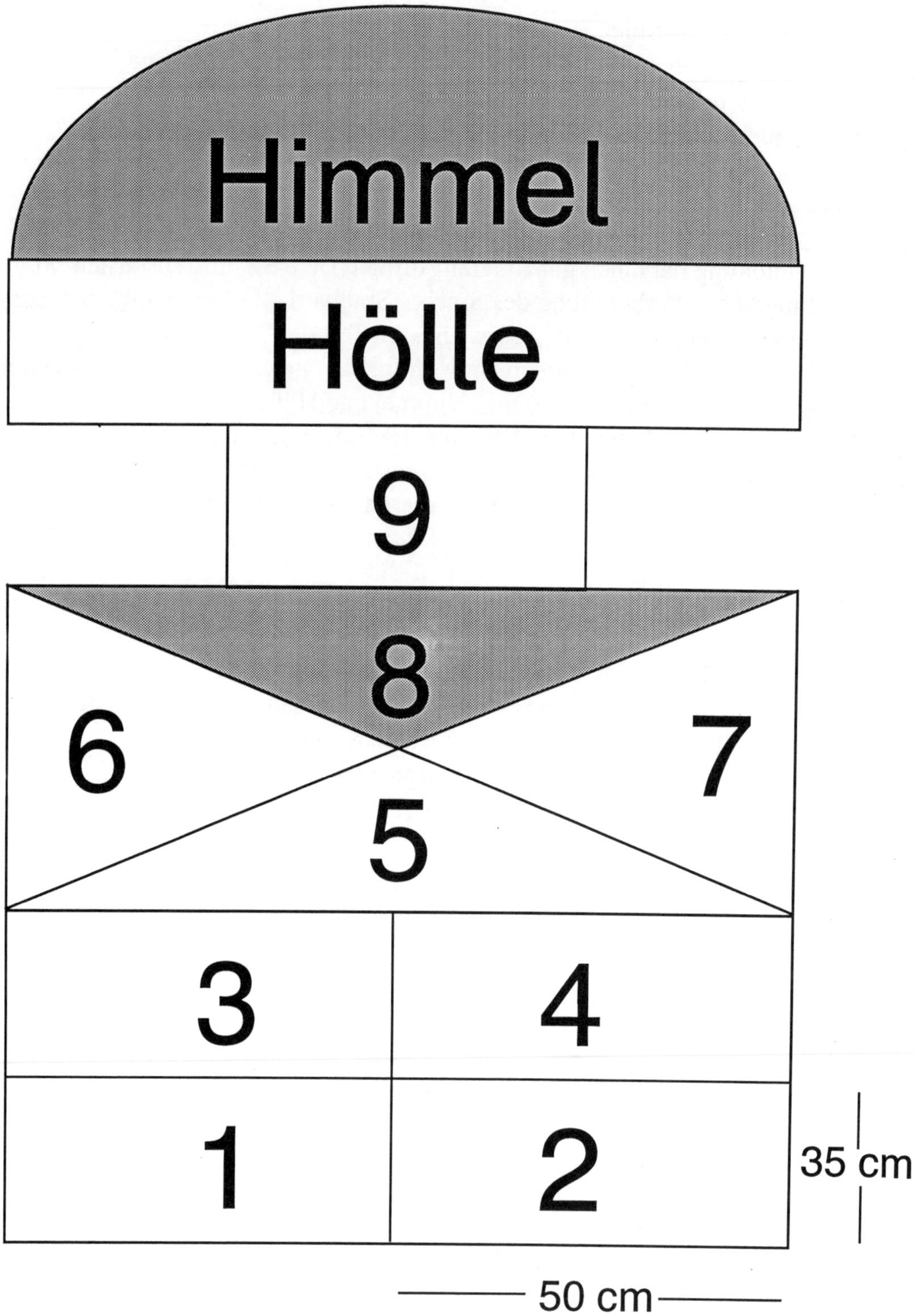

Spielfeld:
Himmel und Hölle

Folie 2

Himmel und Hölle
(Spielanleitung)

Einleitung:
Spiel für die Pause, am besten im Freien zu spielen

Spielvorbereitung:
- mehrere Mitspieler möglich
- Spielfeld entsprechend der Zeichnung auf Boden aufzeichnen
- Material: flacher Stein

Spielverlauf:
- in der Reihenfolge der Ziffern durch die Figur hüpfen
  z.B. auf einem Bein
- vor jedem Hüpfdurchgang Stein in das entsprechende Feld werfen
- bei falscher Landung des Steins Mitspieler an der Reihe
- Feld Nummer 8 und Himmel sind Ruhefelder
- Hölle und Feld mit Stein nicht zu betreten
- Stein aufheben auf dem Rückweg,
  verharren auf dem vorhergehenden Feld
  gleiche Beinhaltung
- Linienberührung oder sonstiger Fehler Mitspielerwechsel
- Spieler erneut an der Reihe,
  weitermachen bei dem im letzten Durchgang missglückten Feld
- Ziel: alle 10 Durchgänge fehlerfrei zu schaffen
  kein Wurf ins Höllefeld

Spielende:
Nach Erreichung des Ziels durch einen Spieler
restliche Spieler dieses Durchgangs kommen noch daran

Schluss:
Viel Spaß und gutes Gelingen.

Ausführliche Spielanleitung für den Lehrer, der das Spiel nicht kennt, bzw. als Beispiel für schwächere Schüler.
Regelabwandlungen sind natürlich möglich.

Himmel und Hölle
(Spielanleitung)

„Himmel und Hölle" ist ein Hüpfspiel für die Pause, zu dem man am besten ins Freie geht. Man kann es zu zweit oder auch zu mehreren spielen.
Zuerst muss man ein Spielfeld entsprechend der Zeichnung mit Kreide auf dem Boden aufzeichnen. Die angegebenen Maße sind nur als Anhaltspunkte gedacht. Außerdem braucht man einen kleinen, flachen Stein.
Nun kann es losgehen.
Aufgabe ist es, in der Reihenfolge der Ziffern durch die Figur zu hüpfen. Man muss sich jedoch zuvor darauf einigen, wie gehüpft werden soll, z.B. auf einem Bein, mit zwei eng geschlossenen Beinen oder mit überkreuzten Beinen. Vor jedem Hüpfdurchgang muss der Stein in das Feld mit der entsprechenden Ziffer geworfen werden, also beim ersten Durchgang in das Feld mit Ziffer 1, beim zweiten Durchgang in das Feld mit Ziffer 2 usw. Nur wenn der Stein ganz im jeweiligen Feld liegt, darf gehüpft werden. Landet der Stein nicht richtig, ist der nächste Mitspieler an der Reihe. Man darf beim Hüpfen nicht absetzen. Eine Ausnahme bilden die Felder Nummer 8 und der Himmel. Hierbei handelt es sich um Ruhefelder. Die Hölle und das Feld mit dem Stein dürfen niemals betreten werden, d.h. man muss über sie hinweg hüpfen.
Im Himmel wird gewendet und der Rückweg angetreten. Hierbei muss der Stein aufgehoben werden. Dazu darf man auf dem Feld, das vor dem mit dem Stein liegt, verharren, die Beinhaltung muss aber beibehalten werden. Berührt der Hüpfer eine Linie oder macht er einen anderen Fehler, ist der nächste Mitspieler daran. Kommt ein Teilnehmer erneut an die Reihe, darf er dort weiter machen, wo ihm beim letzten Durchgang ein Fehler passiert ist.
Ziel ist es, alle zehn Durchgänge fehlerfrei zu schaffen. In das Höllefeld wird kein Stein geworfen.
Hat ein Spieler dieses Ziel erreicht, dürfen die restlichen Mithüpfer den Durchgang noch durchziehen, bis sie einen Fehler machen.
Viel Spaß beim Hüpfen und gutes Zielwasser!

Transfermöglichkeit:
Auf und ab im Haus
Fenster und Tür dürfen nicht betreten werden, Dach 11 ist ein Ruhefeld.

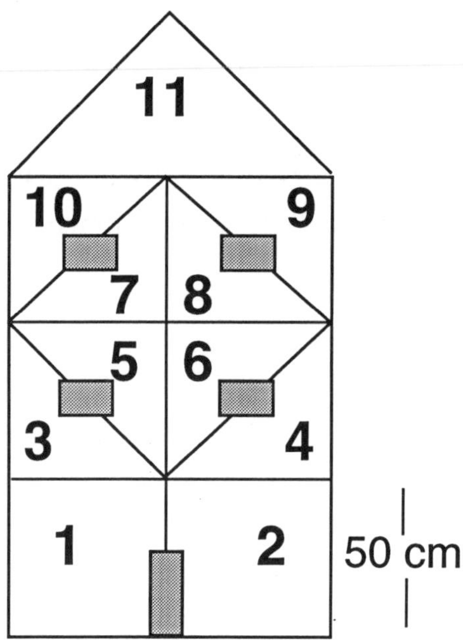

Lerninhalt: Niederschrift: So hören wir.

Kurzer Unterrichtsverlauf

Vorausgehende Unterrichtseinheit: Sachunterricht: „So hören wir.“
Einstieg: L: Du hast im Sachunterricht erfahren, wie wir hören.
ZA: Damit du es dir gut merken kannst, verfassen wir dazu eine Niederschrift.
Hauptteil:
1.TZ: Sammeln von Fachbegriffen / Sachinformation
L: Eine Niederschrift muss genau auf das Thema eingehen, sachlich sein und Fachbegriffe enthalten (vergl. TA - Geschichten-Maus).
L: Schau dir das Folienbild (S.110) gut an und entwirf in der Gruppe einen Cluster mit wichtigen Begriffen. - GA - Auswertung: L notiert wichtige Stichpunkte auf Folie (vergl. Stichwörtersammlung, S.111).
2.TZ: Merkmale einer Niederschrift
L: Ich habe dir zwei Niederschriften aufgeschrieben (S.112). Vergleiche sie.
S vergleichen und stellen Fehler bei der ersten Niederschrift fest, z.B.
fehlende Fachbegriffe und Sachlichkeit, Lücken, falsche Reihenfolge, unwichtige Stellen, öfter „dann“, sehr lange Sätze ...
anhand der Aussagen Zusammenstellung der Merkmale einer guten Niederschrift (vergl. TA - Geschichten-Maus).
3.TZ: Erstellen der Niederschrift
Sprachliche Vorformung, z.B. durch Bilden ganzer Sätze zu den Stichwörtern auf der Folie (auch möglich in PA oder GA, bei Zusammenarbeit von leistungsstärkeren und leistungsschwächeren Schülern)
sprachliche Ausformung: schriftliches Niederschreiben des Hörvorgangs unter Verwendung der Stichpunkte
Ausklang: Überarbeitung der Texte in einer Schreibkonferenz (vergl. S.141 ff)

Tafelbild

So hören wir
(Niederschrift)

Merkmale einer Niederschrift:

- **Gebrauch von Fachausdrücken**
- **Sachlichkeit und Genauigkeit**
- **Einhaltung der richtigen Reihenfolge**
- **Verwendung von kurzen, klaren Sätzen**
- **unterschiedliche Satzanfänge, insbesondere Vermeidung des Wortes „dann“**
- **Schreibzeit ist die Gegenwart**
- **kurzer Schlussgedanke**

Folie 1 / Folienbild:

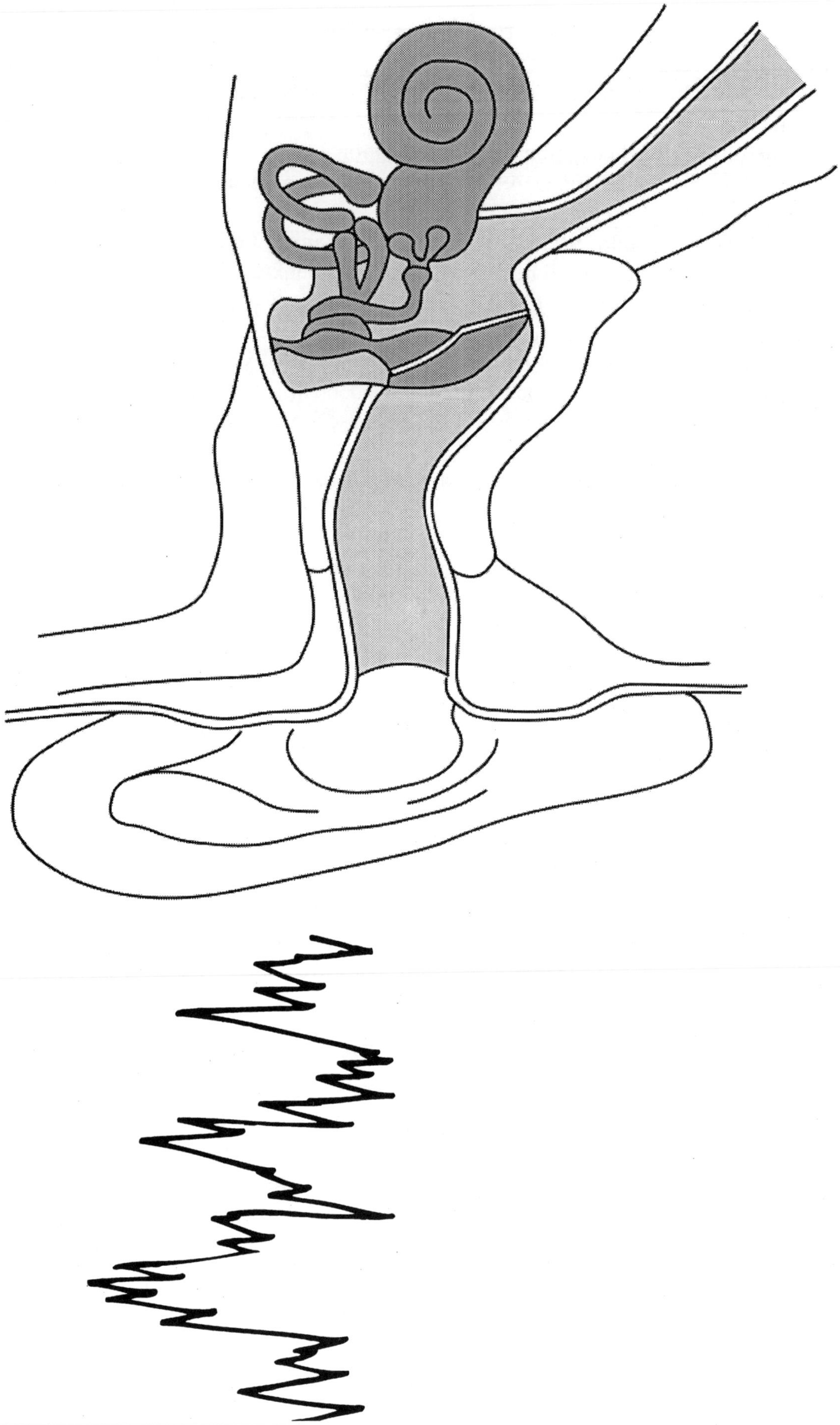

Folie 2 / Stichwörtersammlung:

So hören wir
(Niederschrift)

Ton - Luft - in Schwingungen versetzen

Schallwellen - ausbreiten - nach allen Seiten

Ohrmuschel - Trichter - auffangen

Weiterleitung - Öffnung - Gehörgang

Ende - dünne, gespannte Haut - Trommelfell

Bewegung durch Schallschwingungen

Weiterleitung der Vibrationen - winzige Gehörknöchelchen: Hammer, Amboss, Steigbügel

Innenohr - Schnecke - Umwandlung in Nervenimpulse

empfindliche Gehörnerven - Übermittlung der Signale - Gehörzentrum im Gehirn

Negativbeispiel:

So hören wir (Niederschrift)

Der Ton bringt die Luft in Bewegungen, die nach allen Seiten gehen und auch ans Ohr kommen und durch einen Gang gelangen sie an ein Fell. Das ist ganz dünn und kann leicht platzen, ich selbst habe das schon erlebt. Das war vielleicht schlimm, ich musste vom Ohrenarzt behandelt werden und er sagte: „Du darfst jetzt lange Zeit nicht tauchen." Wo ich doch so gern tauche! Auch Wasser musste bei mir schon abgesaugt werden. Da bekam ich dann ein Röhrchen. Puh, das möchte ich nicht mehr erleben! Dann kommt der Ton zum Gehirn und dann zur Schecke.
So hören wir.

Mögliche (gute) Niederschrift:

So hören wir (Niederschrift)

Der Hörvorgang ist ein kompliziertes Wunderwerk der Natur.
Der Ton versetzt die Luft in Schwingungen. Diese Schallwellen breiten sich nach allen Seiten aus und treffen auch ans Ohr. Wie ein Trichter fängt die Ohrmuschel die Schallwellen auf und leitet sie in die Öffnung. Diese Öffnung führt in einen Gang, den Gehörgang. An dessen Ende befindet sich eine dünne, gespannte Haut, das Trommelfell. Es wird durch die Schallschwingungen bewegt. So wandelt es den Schall in Bewegungen um.
Diese Vibrationen werden über winzige Gehörknöchelchen (Hammer, Amboss, Steigbügel) weitergeleitet und verstärkt. So gelangen die Schallwellen ins Innenohr, zur Schnecke. Dort werden sie in Nervenimpulse umgewandelt. Empfindliche Gehörnerven übermitteln die Signale zum Gehörzentrum im Gehirn.
So hören wir.

Lerninhalt: Bericht: Umweltsünder

Kurzer Unterrichtsverlauf

Fächerverbindend zum Sachunterricht: Umwelt- und Naturschutz, Wald, Wasser

Einstieg: L-Erz.: Susi hat einen Jungen dabei erwischt, wie er junge Bäume ansägte. Sie wollte darüber einen Bericht in die Schülerzeitung setzen.

ZA: Wir werden uns heute ansehen, wie man richtig einen Bericht schreibt.

Hauptteil:

1.TZ: Erlebniserzählung und Bericht unterscheiden sich.

L: Das hat Susi aufgeschrieben. - Text-Begegnung (Folie, S.114)

S lesen leise, spont. Äußerungen über Fehler hinsichtlich eines Berichts

L: Susi hat ihr Erlebnis erzählt. In einen Bericht jedoch gehört vieles davon nicht.

S-Äuß., L streicht auf Folie, z.B. wörtl. Rede, Ausrufesätze, private Meinung ...

L: In einem Bericht möchte der Leser klar informiert werden. Schauen wir, auf welche Fragewörter man in Susis Erzählung eine Antwort findet.

S-Äuß., L unterstreicht mit anderer Farbe und notiert Fragewörter an den Rand:

Wer? Wo? Wann? Was? (evtl.) Welche Folgen?

2.TZ: Merkmale eines Berichts

L: Überlegen wir noch einmal gemeinsam, was wir beim Schreiben eines Berichts beachten müssen.

S-Äuß., L notiert Merkmale an TA (vergl. TA / Geschichten-Maus).

3.TZ: Erstellen eines eigenen Berichts

Erstellen eines Berichts zur Erlebniserzählung: mündlich oder / und schriftlich.

Zur Weiterarbeit:

L: Ich habe für dich noch mehr „Umweltsünder" ausgegraben.

s. Informationskarten (zur Auswahl, S.115 f) - Besprechung - anschl. Schreiben eines Berichts

Ausklang: Überarbeitung der Texte in einer Schreibkonferenz (vergl. S.141 ff)

Tafelbild

„Umweltsünder"
Wir schreiben einen Bericht

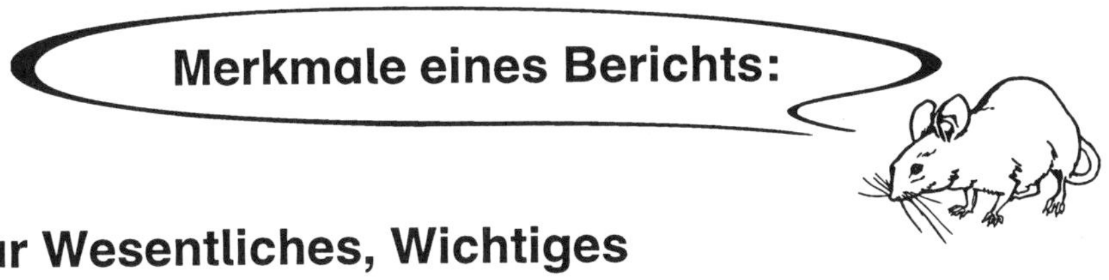

- **nur Wesentliches, Wichtiges**
- **Einhalten der richtigen Reihenfolge**
- **Sachlichkeit und Genauigkeit**
- **Antwort auf die Fragewörter: „Wann?", „Wo?", „Wer?", „Was?", „Welche Folgen?"**
- **Schreibzeit: 1.Vergangenheit**
- **keine eigene Meinung, keine persönlichen Eindrücke, Verzicht auf spannendes Erzählen, z.B. in Form von Ausrufe- und Fragesätzen oder wörtlicher Rede**

Folie 1 / Text als Erlebniserzählung:

Erwischt!

Gestern habe ich einen jungen Burschen erwischt, wie er junge Bäumchen im Rotter Forst abgeknickt hat.
Ich musste unbedingt noch eine Runde laufen, weil ich so viel Kuchen in mich hineingestopft hatte. Deshalb machte ich mich gegen 17.00 Uhr auf den Weg in den Rotter Forst. Da kann man immer so gut laufen, denn es ist ruhig und die Luft ist wunderbar frisch. Ich schwang mich also auf mein Rad und radelte los. Eine Viertelstunde später war ich dann angekommen. Ich sicherte mein Rad mit einem starken Kettenschloss. Man weiß ja nie, wer sich da aller herumtreibt! Und tatsächlich! Ich konnte meinen Augen kaum trauen! Ich war noch keine fünf Minuten gelaufen, da entdeckte ich einen Vierzehnjährigen aus unserer Schule. Er benahm sich so furchtbar verdächtig und blickte vorsichtig um sich. Aber ich hatte mich gut hinter einem Busch versteckt und beobachtete ihn. Da nahm er doch glatt ein Messer aus seiner Manteltasche und sägte ein junges Buchenstämmchen an. Dann knickte er es und ging zum nächsten weiter. „Was soll denn das?“, fragte ich mich leise. „Nein, so was aber auch! Wollte er jetzt noch einen ansägen?“ Jetzt erinnerte ich mich auch, dass ich beim Laufen schon auf ein paar umgeknickte Bäumchen gestoßen war. Nun hielt es mich nicht mehr länger in meinem Versteck. Ich rannte auf den Burschen zu und schrie: „Hör sofort auf! Was haben dir denn die Bäume getan!“ Der Übeltäter packte sein Messer und rannte davon. Aber ich hatte ihn erkannt und meldete es am nächsten Tag meinem Schulleiter. Der verständigte die Polizei. Die Bäumchen mussten leider vollständig entfernt und durch neue ersetzt werden. Den Schaden aber musste der Schüler bezahlen.

Bericht: Umweltsünder „Bäumchen angesägt“

Wann:	letzte Woche zwischen dem 15.6. und 20.6.05
Wo:	Schule am Berg in Hochstätten, Pausehof
Wer:	verdächtig: ein 14-jähriger Schüler aus dem Ort
Was:	mehrere Bäume angesägt, Säge wurde im Schulrucksack gefunden
Folgen:	Bäumchen sterben, vollkommene Entfernung nötig Zeugen gesucht

Bericht: Umweltsünder „Edelweiß abgepflückt“

Wann:	Mitte August 2005
Wo:	Kampenwand
Wer:	zwei Österreicher, 18 und 26 Jahre
Was:	ungefähr 200 Blumen abgepflückt zum Trocknen und Verkauf Edelweiß vollkommen geschützt
Folgen:	Bestand bedroht, enormer Umweltschaden

Bericht: Umweltsünder „Wilderer im Rotter Forst“

Wann:	in den letzten Monaten
Wo:	Rotter Forst
Wer:	verdächtig ein 45-jähriger Arbeitsloser
Was:	stellt Fallen, schießt mit Schrotflinte auf Wild, schon Hasen, Rehe und Füchse in Fallen gefunden, Jungtiere ohne Muttertier
Folgen:	konnte noch nicht erwischt werden, 1000 Euro Belohnung ausgesetzt

Bericht: Umweltsünder „Öl in Hammerbach geschüttet“

Wann:	gestern, den ...
Wo:	Hammerbach in Höhe des Waldsees
Wer:	27-jähriger Kaminkehrermeister
Was:	Ölwechsel bei seinem Auto, schnelle Entledigung des Altöls, schüttete Öl in Bach
Folgen:	Ausbreitung des Ölteppichs, Feuerwehr musste Öl binden, tote Fische entdeckt

Lerninhalt: Das Akrostichon

Kurzer Unterrichtsverlauf

Motivation:
Folienbild (S.118) - L: Ilona hat sich ein Spiel ausgedacht.
S-Äuß. - Sie hat zu jedem Buchstaben ihres Namens ein Wort gesucht, die Wörter ergeben einen Satz.
ZA: Dieses Wortspiel nennt man Akrostichon. Du wirst ein paar Möglichkeiten kennenlernen.

Hauptteil:
1.TZ: Klärung des Begriffs
L: Du hast Ilonas Beispiel schon gut durchschaut.
Das Akrostichon ist eine Art Gedicht. Das Wichtigste dabei ist, dass die Anfangsbuchstaben der Verszeilen hintereinander gelesen ein Wort (einen Namen, einen Satz) ergeben.
L not. Begriff und kurze Erklärung an TA (Geschichten-Maus), (s.a. Erklärung S.118).
Die Verszeilen können dabei jeweils aus einem Wort oder einem Satz bestehen. Wie bei Ilona können die Wörter einen Satz ergeben.
L: Schauen wir uns das am Beispiel „Schule“ an. Suche zusammen mit deinem Partner zu jedem Buchstaben des Wortes Schule ein Wort, das zu Schule passt. (Sch bleibt zusammen).
PA - Auswertung - L notiert ein Beispiel an TA.
Entsprechend werden die beiden anderen Möglichkeiten behandelt.
2.TZ: Schriftliche Gestaltung
L: Beim Aufschreiben deines Akrostichons kannst du auf schöne Gestaltung achten.
L: Sicher fallen dir Möglichkeiten ein. - S-Äuß.: z.B. Anfangsbst. farbig, fett, bes. Schrift o.ä.
3.TZ: Schreiben eines eigenen Akrostichons
L:Versuche jetzt zu deinem Namen ein Akrostichon zu schreiben.
Schreibversuche - Vorlesen - Schreibkonferenz: Was ist besonders gut gelungen? (vergl. S.141ff)
Ausblick: fächerübergreif. zu Musik: Schreiben eines Akrostichons zu Mozarts „Zauberflöte“ (vergl. S.119 und S.120)

Tafelbild

Das Akrostichon

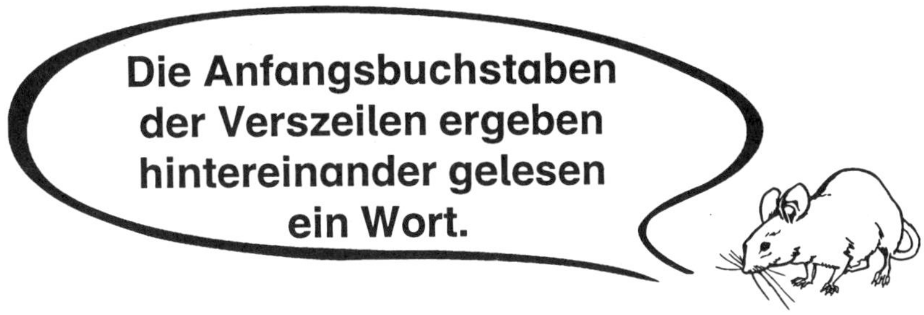

Beispiele zum Wort „Schule“:

Jede Zeile besteht aus einem Wort:	Jede Zeile besteht aus einem ganzen Satz:	Die Zeilen ergeben einen Satz:
SCH üler	**SCH** ule macht Spaß.	**SCH** üler
U nterricht	**U** nterricht ist interessant.	**U** nd
L ehrer	**L** ehrer loben Schüler.	**L** ehrer
E rlebnis	**E** inser haben alle gerne.	**E** ssen.

Folienbild:

I ch

L erne

O hne

N oten

A uch

Das Akrostichon (Erklärung)

Ein vorgegebenes Wort bildet das Thema des Akrostichons. Die Buchstaben dieses Wortes werden untereinander geschrieben. Sie bilden die Anfangsbuchstaben der Verszeilen des Akrostichons.
Dabei können die Verszeilen entweder aus einem ganzen Satz (vergl. Bsp. 2 an TA) oder einem einzelnen Wort (vergl. Bsp. 1 an TA), jeweils passend zum Thema, bestehen.
Wenn die Verszeilen nur aus einem einzelnen Wort bestehen, gibt es auch die Möglichkeit, dass diese Wörter hintereinander gelesen einen Satz ergeben, der zur jeweiligen Thematik passt (vergl. Bsp. 3 an TA).

Folie zu Mozarts Zauberflöte
(Fächerintegration Deutsch - Musik)

Die Zauberflöte
v. W. A. Mozart

Die Hauptpersonen

Königin der Nacht

Sarastro

Pamina und Tamino

Papageno

Papagena

Kurzinhalt

Papageno ist ein Vogelfänger, der in den Wäldern der Königin der Nacht lebt. Zusammen mit Tamino, einem Prinzen, versucht er Pamina, die Tochter der Königin der Nacht, zu finden. Sie ist vom Priester Sarastro entführt worden, der durch die Entführung die bösen Pläne der Königin der Nacht vereiteln will.
Auf der Suche erfahren Tamino und Papageno von den Rachepläne der Königin. Bevor sich alles zum Guten wendet, haben sie viele Abenteuer zu bestehen. Tamino hat eine Zauberflöte. Wenn er darauf spielt, kann er durch Feuer und Wasser und durch viele andere Gefahren gehen. Papageno hat ein Glockenspiel. Damit kann er seine Feinde verzaubern. Sobald die Glöckchen ertönen, fangen sie an zu tanzen und zu singen.
So führt alles zu einem glücklichen Ende: Tamino bekommt Pamina zur Frau, Papageno verliebt sich in Papagena, die Königin der Nacht aber stirbt.

Akrostichon zu „Die Zauberflöte“

v. W. A. Mozart

(überarbeitete Schülerarbeit)

Zauberglöckchen helfen Papageno.

Auch Tamino hat ein Zauberinstrument, die Flöte.

Unbekannte Gefahren erwarten die beiden.

Böse ist die Königin der Nacht.

Eine Schlange will den Tamino fressen.

Rache schwört die Königin der Nacht.

Für die Feuerprobe brauchen sie großen Mut.

Leicht ist auch das lange Schweigen nicht.

Öfter bekommt Papageno Zweifel, ob er das will.

Tamino aber will Pamina zur Frau bekommen.

Ende gut, alles gut.

Lerninhalt: Elfchen zum Thema „Regen“

Kurzer Unterrichtsverlauf

Hinführung:
Wdhg. Akrostichon
ZA: Ich habe dir heute eine neue Gedichtart mitgebracht, das Elfchen.
Hauptteil:
1.TZ: Struktur eines Elfchens
S-Vermut., evtl. Hinweis auf die „Elf“
Klärung im UG: L bestärkt richtige Vermutungen und notiert weiterführende Vermutungen an TA, bis schließlich der Bauplan an TA steht. (vergl. Geschichten-Maus, TA)
Beachte: Die letzte Zeile ist oft ein Ausruf oder ein Wiewort.
2.TZ: Erstellung eines Clusters zum Thema „Regen“
L: Du sollst heute ein Elfchen zum Thema „Regen“ schreiben.
Damit du dich später damit leichter tust, lass deine Gedanken zunächst schwärmen.
Schreibt in der Gruppe auf der Folie auf, was euch alles zum Thema „Regen“ einfällt (vergl. Folienvorlage S.122).
GA: S notieren ihre Einfälle mit wasserlöslichem Stift auf Folienvorlage,
anschl. Auflegen der Gruppen-Cluster auf OHP, gemeinsame Betrachtung (vergl. S.123)
3.TZ: Schreiben eines Regen-Elfchens
L: Deine Gedanken nützen dir sicher dabei ein Regen-Elfchen zu erstellen.
Beachte dabei unbedingt den Bauplan eines Elfchens.
Erstellen der Elfchen (evtl. auch in PA)
S-Vortrag - Schreibkonferenz: Was ist besonders gut gelungen? (vergl. S.141 ff)
Ausklang:
Aufschreiben der Elfchen, Achten auf schöne Ausgestaltung (z.B. Vorlage S.124)

Tafelbild

Wir schreiben ein Regen-Elfchen.

Halte dich an folgendes Gerüst:

1. Zeile = 1 Wort
2. Zeile = 2 Wörter
3. Zeile = 3 Wörter
4. Zeile = 4 Wörter
5. Zeile = 1 Wort
(oft ein Ausruf oder Wiewort)

Beispiel:
Regen-Elfchen

Wolken
nahen heran,
grau und schwer,
sie verdunkeln den Himmel.
Furchterregend!

Folienvorlage zum Regen-Gedankenschwarm:

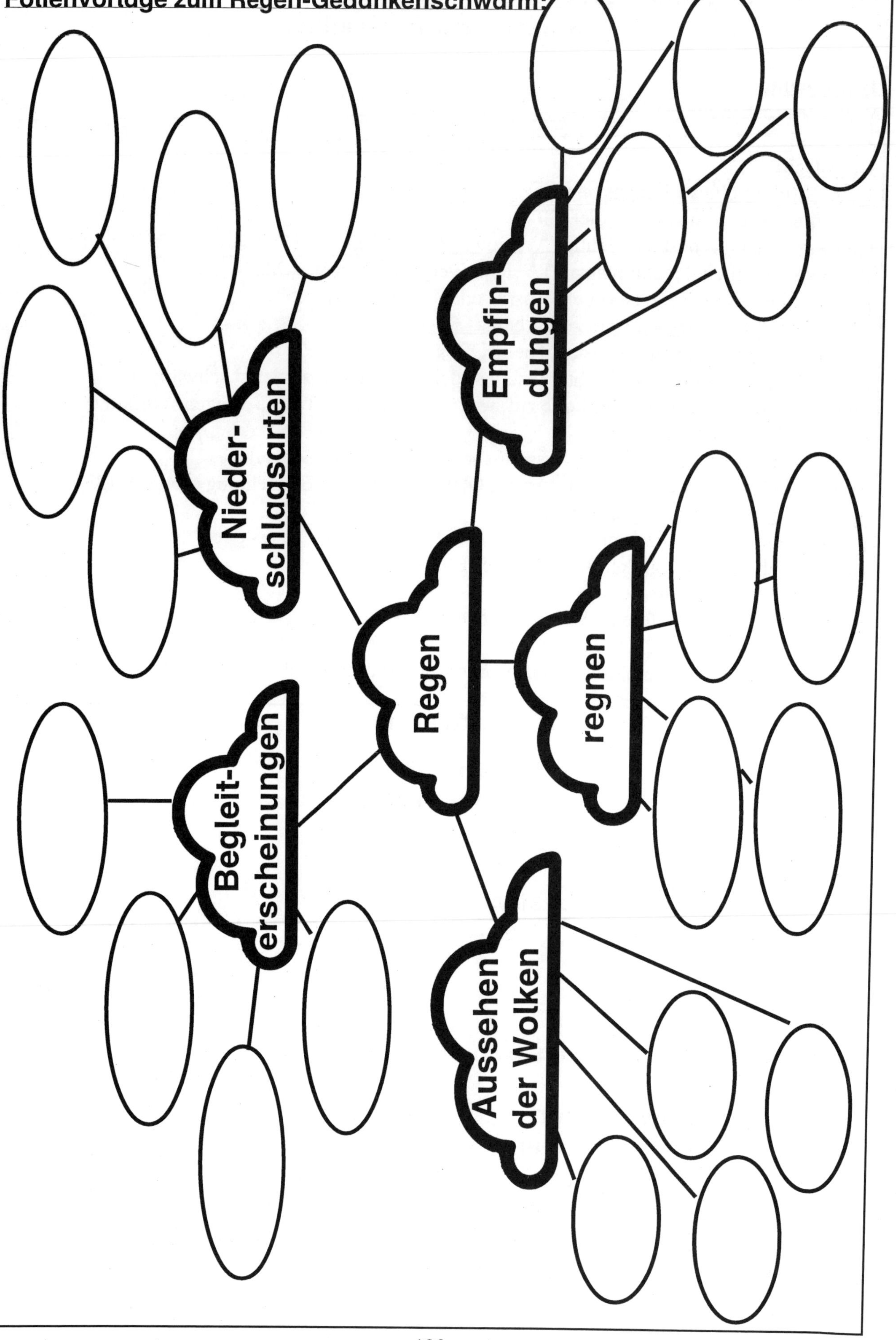

Beispielwörter zum Füllen des Regen-Clusters:

Nieder-schläge:

Regen, Schauer, Wolkenbruch, Sprühregen, Strichregen, Nieselregen, Platzregen, Gewitterregen, Dauerregen, Landregen, Frühlingsregen, Sommerregen, Schneeregen, Schnee, Hagel, Hagelschauer, Graupel, Tau, Reif, ..

Begleit-erscheinungen:

Regenbogen, Regentropfen, Regenbäche, Überschwemmung, Regenschirm, Regencape, Regenmantel, Regenhaut, Regenwasser, Regenwurm, Bewölkung...

Aussehen der Wolken:

Schäfchenwolken, Regenwolken, Gewitterwolken, Federwolken..
weiß, grau, schwarz ..
groß, schwer, dicht, dick, ..

regnen:

nieseln, tröpfeln, sprühen, gießen, strömen, schütten, schiffen, hageln, ...

Emp-findungen:

feucht, nass, kalt, ungemütlich, unbehaglich, klamm, klatschnass, durchweicht, tropfnass, triefend...

Mein
Regen-Elfchen

Lerninhalt: Rautengedicht zum Thema „Sonne“

Kurzer Unterrichtsverlauf

Hinführung:
Wdhg. Akrostichon oder Elfchen
ZA: Heute wirst du eine neue Gedichtart kennenlernen, das Rautengedicht.
Hauptteil:
1.TZ: Struktur und Aufbau eines Rautengedichts
S-Vermut.
Klärung des Begriffs „Raute“ aus der Mathematik
L: Ich habe dir zwei Rautengedichte mitgebracht. Vergleiche die beiden und versuche anhand der Beispiele den Aufbau eines Rautengedichts herauszubringen (Folie 1, S.126).
Klärung im UG, L notiert Bauplan an TA (vergl. Geschichten-Maus, TA).
2.TZ: Sammlung von Wortmaterial
L: Du sollst heute ein Rautengedicht zum Thema „Sonne“ schreiben.
Schreibt in der Gruppe alle zusammengesetzten Namenwörter auf, die euch zu Sonne einfallen.
GA: S notieren ihre Einfälle (vergl. mögliche Beispiele auf Folie 2, S.127),
anschl. Besprechung, L notiert einige Beispiele an Seitentafel oder auf Folie.
3.TZ: Schreiben eines Rautengedichts zum Thema „Sonne“
L: Wähle dir nun ein zusammengesetztes Namenwort aus, das dir gefällt, und schreibe dein Rautengedicht.
Beachte dabei unbedingt den Bauplan des Rautengedichts.
Erstellen des Rautengedichts
S-Vortrag - Schreibkonferenz: Was ist besonders gut gelungen? (vergl. S.141 ff)
Ausklang:
schriftliche Ausgestaltung (vergl. Bsp. S.128)

Tafelbild

Wir schreiben ein
Rautengedicht zum Thema „Sonne“

Ein Rautengedicht erhält die Form
einer Raute.
Beachte den Bauplan.

Halte dich an folgendes Gerüst:

1. Zeile: Namenwort (NW)
2. Zeile: ein zu diesem NW gehöriges zusammengesetztes NW
3. Zeile: zusammengesetztes NW von Zeile 2 + Tunwort (TW)
4. Zeile: zusammengesetztes NW von Zeile 2 + TW (wie Zeile 3) + Wiewort (Reihenfolge beliebig)
5. Zeile: zusammengesetztes NW von Zeile 2 + neues TW
6. Zeile: zusammengesetztes NW von Zeile 2
7. Zeile: Namenwort von Zeile 1

Folie 1:

Regen
Regentropfen
Regentropfen fallen
Regentropfen fallen schwer
Regentropfen verdunsten
Regentropfen
Regen

Sonne
Sonnenschirm
Sonnenschirm aufstellen
Sonnenschirm windgeschützt aufstellen
Sonnenschirm schließen
Sonnenschirm
Sonne

Folie 2:

Zusammengesetzte Namenwörter zu „Sonne“:

Sonnenbrand

Sonnenbrille

Sonnenfinsternis

Sonnenschirm

Sonnensegel

Sonnenblume

Sonnenbad

Sonnenanbeter

Sonnenfenster

Sonnenschutz

Sonnenaufgang

Sonnenuntergang

Sonnenzeit

Sonnenbräune

Sonnenglut

Sonnenhut

Sonnenstrahl

Sonnenuhr

Sonnenbrand

Sonnenwarte

Sonnenschein

Sonnenlicht

Sonnenblume

Sonnenseite

Sonnenstich

Sonnendach

Sonnendeck

Sonnenkraft

Sonnenstand

Sonnensystem

Rautengedicht zum Thema „Sonne“

____

(Namenwort)

____

(zusammengesetztes Namenwort zu Zeile 1)

____

(zusammengesetztes NW von Zeile 2 + Tunwort)

____

(zus. NW von Zeile 2 + Tunwort von Zeile 3 + Wiewort)

____

(zus. NW von Zeile 2 + neues Tunwort)

____

(zusammengesetztes NW von Zeile 2)

____

(Namenwort von Zeile 1)

Lerninhalt: Rondell zum Thema „Sonne“

Kurzer Unterrichtsverlauf

Hinführung:
Wdhg. Elfchen, Rautengedicht o.ä.
ZA: Heute wirst du wieder eine neue Gedichtart kennenlernen, das Rondell.
Hauptteil:
1.TZ: Struktur und Aufbau eines Rondells
S-Vermut. zum Begriff Rondell, evtl. Klärung des Begriffs „Rondo“ aus der Musik:
das Hauptthema kehrt nach mehreren Zwischensätzen (als Refrain) immer wieder;
L: Ich habe dir zwei Rondelle mitgebracht. Betrachte die beiden und versuche anhand der Beispiele festzustellen, was sie gemeinsam haben (Folie 1, S.130).
Klärung im UG, L notiert Wesentliches zum Bauplan an TA (vergl. Geschichten-Maus, TA)
2.TZ: Sammlung von Wortmaterial
L: Du sollst heute ein Rondell zum Thema „Sonne“ schreiben.
Damit du dich später damit leichter tust, lass deinen Gedanken freien Lauf.
Stell dir einen sonnigen Tag vor. Wie wirkt die Sonne auf dich, auf Tiere, Pflanzen und Natur?
Schreibt euere Gedanken in der Gruppe auf der Folie auf (vergl. Folienvorlage S.131).
GA: S notieren ihre Einfälle mit wasserlöslichem Stift auf Folienvorlage,
anschl. Auflegen der Gruppen-Cluster auf OHP, gemeinsame Betrachtung
3.TZ: Schreiben eines Rondells zum Thema „Sonne“
L: Nütze unsere Gedankensammlung für dein eigenes Rondell.
Beachte dabei den Bauplan und wiederhole einen wichtigen Satz in der 2., 4. und 7. Zeile.
Erstellen eines Rondells (vergl. Vorlage S.132)
S-Vortrag - Schreibkonferenz: Was ist besonders gut gelungen? (vergl. S.141 ff)
Ausklang: schriftliche Ausgestaltung

Tafelbild

**Wir schreiben ein
Rondell zum Thema „Sonne“**

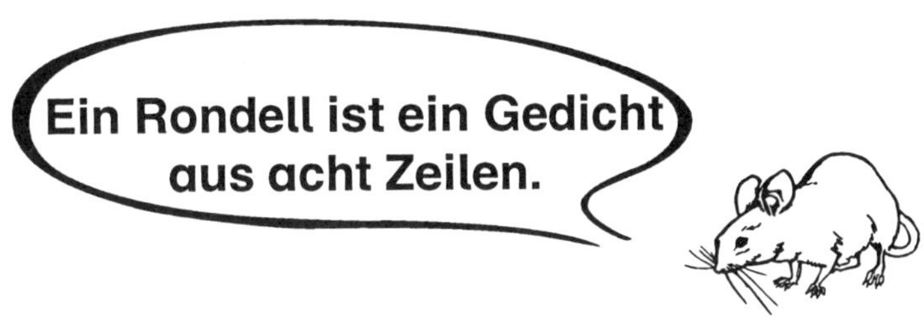

Beachte dabei:

**In der zweiten, vierten und siebten Zeile
des Gedichts
steht immer der gleiche Satz.
Dieser Satz sollte eine
wichtige Bedeutung haben.**

Folie 1:

Das Rondell (Beispiele)

Regenrondell

Wolken ziehen in der Ferne auf.
Doch es regnet noch nicht.
Sie werden dicker und dicker.
Doch es regnet noch nicht.
Schon ist die Sonne nicht mehr zu sehen.
Der Himmel verfinstert sich mehr und mehr.
Doch es regnet noch nicht.
Aber lange wird es nicht mehr dauern.

Sonnenrondell

Die Sonne geht auf.
Es ist ein schöner Tag.
Sie steigt hoch hinauf.
Es ist ein schöner Tag.
Ich liege ganz ruhig da.
Die Strahlen wärmen meine Haut.
Es ist ein schöner Tag.
Als glühender Ballon geht sie unter.

Folienvorlage zum Gedanken-Cluster „Sonne“

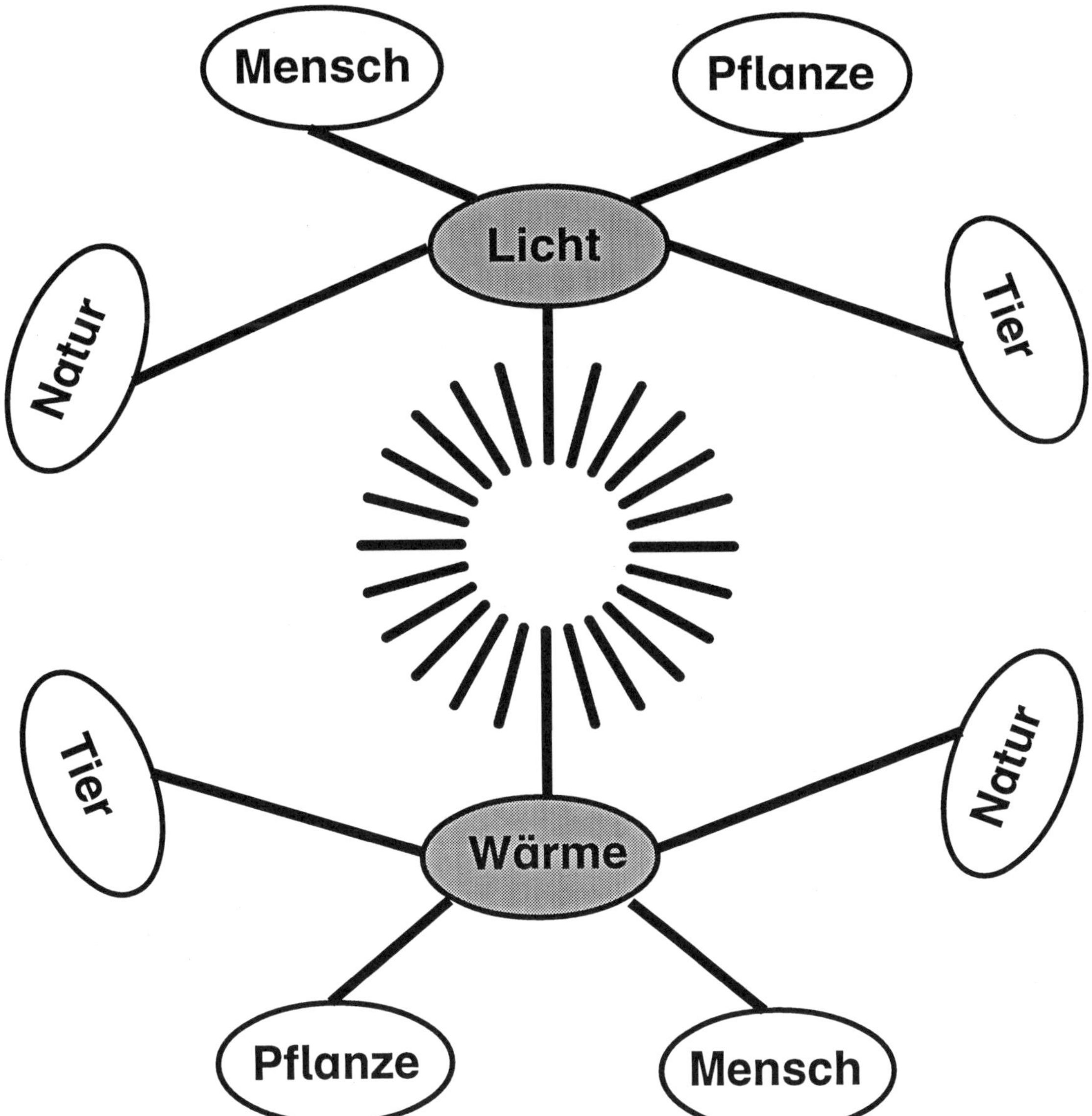

Rondell zum Thema „Sonne“

Lerninhalt: Wir spielen mit Sprichwörtern.

Kurzer Unterrichtsverlauf

<u>Hinführung:</u> Einstudiertes Rollenspiel (s.S.134)

<u>Hauptteil:</u>

<u>1.TZ: Sprichwörter sammeln und Zweck der Sprichwörter feststellen</u>

freie S-Äuß. oder gezielter Impuls: Die Kinder und ihre Mutter unterhielten sich etwas seltsam.

Erkenntnis: Sie bauten Sprichwörter ein.

<u>ZA:</u> Mit Sprichwörtern werden wir uns heute näher befassen.

L: Du kennst sicher schon einige Sprichwörter.

S nennen Sprichwörter, L notiert an TA oder deckt die genannten Sprichwörter auf der Folie (S.136) auf. Anschließ. können die and. Sprichwörter aufgedeckt, gelesen und erklärt werden.

L: Überlege nun in der Gruppe, was man mit Sprichwörtern bezweckt. Betrachte ihre Sprache.

GA - Auswertung, L notiert richtige Äußerungen an TA (Geschichten-Maus).

<u>2.TZ: Sprichwörter kreativ verändern</u>

L: Wir wissen also jetzt, dass Sprichwörter Lebensweisheiten wiedergeben. Doch natürlich kann es auch anders sein.

Folienbild (S.135) (Sprichwort abgedeckt): Vielleicht fällt dir zu diesem Bild ein Sprichwort ein.

S: „Viele Köche verderben den Brei.“

L: Hans meint jedoch: „Viele Köche versüßen den Brei.“ - entsprechend „Morgenstund‘...“

L: Du darfst nun selbst Sprichwörter auf lustige Weise verändern. Suche dir dazu eines unserer Sprichwörter aus. Du darfst mit deinem Partner zusammenarbeiten.

PA, Abänderung von Sprichwörtern, anschl. Vortrag vor der Klasse

<u>3.TZ: Schreiben eines Rollenspiels mit Sprichwörtern</u>

L: Versuche nun mit den Sprichwörtern oder abgewandelten Sprichwörtern ein Rollenspiel zu schreiben, wie du es am Anfang der Stunde gehört hast.

Entwurf der Rollenspiele

<u>Weiterführung</u>: Vorlesen / Vorspielen gelungener Rollenspiele

Tafelbild

Sprichwörter

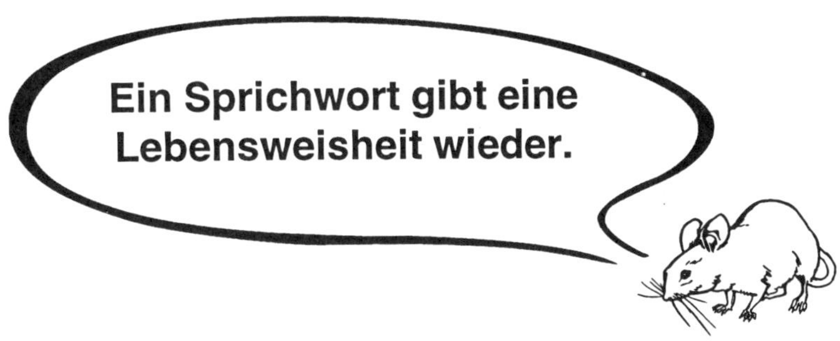

Es handelt sich dabei meist um Aussagesätze.
Die Sprache ist
anschaulich,
leicht verständlich,
manchmal auch witzig.
Reimwörter erleichtern das Merken.

Rollenspiel:

Die Drillinge Hans, Horst und Hanna und ihre große Schwester Hilde kommen von der Schule nach Hause. Sie beginnen sofort zu erzählen:

Hans:

Stell dir vor, Mama! Die Susi wollte dem Franz heute einen Streich spielen. Sie legte ihm einen nassen Schwamm auf den Stuhl. Doch Franz bekam einen Tipp von seinem Freund und legte den Schwamm vorsichtig auf Susis Stuhl und prompt setzte sie sich hinein. Wir kugelten uns fast vor Lachen und Franz meinte trocken: „Wer zuletzt lacht, lacht am besten!“

Mutter:

Ja, es heißt nicht umsonst: „Wer anderen eine Grube gräbt, fällt selbst hinein.“

Hanna:

Susi blieb heute aber auch nichts erspart. Sie bekam nämlich in der Mathe-Probe eine Fünf. Der Lehrer meinte nur: „Ohne Fleiß kein Preis!“

Horst:

Dafür ging es Franz im Sport schlecht. Er schaffte einfach den Felgaufschwung am Barren nicht. Doch ich tröstete ihn und sagte: „Es ist noch kein Meister vom Himmel gefallen.“ Auch der Lehrer meinte, er solle weiter üben. „Probieren geht über Studieren“, sprach er.

Mutter:

Da hat er wohl recht.

Da fragt Mutter ihre Älteste:

Und du Hilde, weißt du nichts zu erzählen?

Hilde:

„Reden ist Silber, Schweigen ist Gold.“

Bildliche Darstellung von Sprichwörtern (und ihre Abwandlung):

„Viele Köche verderben den Brei."
„Viele Köche versüßen den Brei."

„Morgenstund' hat Gold im Mund."
„Morgenstund' hat Schlaf im Mund."

Sprichwörtersammlung:

Was Hänschen nicht lernt, lernt Hans nimmermehr.

Was du heute kannst besorgen, das verschiebe nicht auf morgen.

Den Letzten beißen die Hunde.

Schuster bleib‘ bei deinen Leisten.

Lügen haben kurze Beine.

Viele Hunde sind des Hasen Tod.

Man soll den Tag nicht vor dem Abend loben.

Auch ein blindes Huhn findet manchmal ein Korn.

Es ist noch kein Meister vom Himmel gefallen.

Probieren geht über Studieren.

Reden ist Silber, Schweigen ist Gold.

Es ist nicht alles Gold, was glänzt.

Wer zuletzt lacht, lacht am besten.

Morgen, morgen, nur nicht heute, sagen alle faulen Leute.

Hochmut und Stolz wachsen auf einem Holz.

Lieber den Spatz in der Hand, als die Taube auf dem Dach.

Wer den Pfennig nicht ehrt, ist des Talers nicht wert.

Hunde, die bellen, beißen nicht.

Ende gut, alles gut.

Wer nicht kommt zur rechten Zeit, muss essen, was übrig bleibt.

Lerninhalt: Begründung der eigenen Meinung

Kurzer Unterrichtsverlauf

Verknüpfung mit Sachunterrichtsthema: z.B. Tiere am Gewässer, Naturschutz o.ä.
Motivation: z.B. Zeitungsmeldung über den Abschuss der Kormorane
ZA: Du sollst dich heute damit auseinandersetzen und deine eigene Meinung dazu darstellen.
Hauptteil:

1.TZ: Sachinformation zum Kormoran
(falls im Sachunterricht noch nicht geschehen, s. Folienbild und Sachinformation (S.138)
Aktivierung des Vorwissens - Ergänzung notwendiger Informationen durch Lehrkraft

2.TZ: Sammlung von Formulierungshilfen, seine Meinung mündlich auszudrücken
L: Durch einen kurzen Einleitungssatz kann man dem anderen mitteilen, dass man seine eigene Meinung zum Ausdruck bringen möchte, z.B. „Ich meine, dass..“ Überlege dir in der Gruppe ähnliche Formulierungen. GA, Sammlung z.B. auf Folie (vergl. Zusammenstellung S.139)
L: Wenn wir uns jetzt gleich mit dem Kormoran beschäftigen, kannst du gleicher Meinung wie deine Mitschüler sein oder verschiedener Meinung. Auch das kannst du mit solchen Formulierungen zum Ausdruck bringen, z.B. „Ich stimme dir zu...“.
L: Überlege dir wieder in der Gruppe, wie du Zustimmung oder Ablehnung ausdrücken könntest.
GA - Auswertung, Sammlung geeigneter Ausdrücke z.B. auf Folie (s.S.139)
L: Ich habe dir die Ausdrücke auf einem Plakat zusammengestellt, damit du sie vor Augen hast.

3.TZ: Sammlung von Gründen für oder gegen den Abschuss von Kormoranen
L: Überlege dir mit deinem Partner Gründe für oder gegen den Abschuss von Kormoranen.
PG - anschl. UG unter Nutzung der oben gesammelten Ausdrücke,
L notiert Begründungen stichpunktartig an TA oder auf Folie, S auf AB (s.S.140)

4.TZ: Schriftliche Darstellung der eigenen Meinung
L: Deine Meinung kannst du auch schriftlich niederschreiben. Dabei solltest du einiges beachten.
UG zu Aufbau und Sprache (s.TA, Geschichtenmaus und Schreibplan S.140)
schriftliche Ausgestaltung unter Zuhilfenahme des Schreibplans (AB S.140)

Tafelbild

Sollen die Kormorane abgeschossen werden?
(Schriftliche Darstellung und Begründung der eigenen Meinung)

Gründe für den Abschuss
- starke Vermehrung, Überhandnahme
- frisst Fischgewässer leer, viele Fische müssen vom Menschen wieder nachgesetzt werden
- natürliches Gleichgewicht stimmt nicht mehr

Gründe gegen den Abschuss
- Eingriff des Menschen in die Natur
- wegen menschlicher Eingriffe (Abschuss, Austrocknung von Feuchtgebieten) sind schon viele Vogelarten ausgestorben oder stehen auf der roten Liste, z.B. Weißstorch...

Aufbau der schriftlichen Darstellung
- kurze Einleitung zum Thema
- kurze Sachinformation
- Gründe für und wider
- Schluss: Zusammenfassung und Darstellung der eigenen Meinung

Halte die Reihenfolge ein.
Achte auf sachliche Darstellung.
Zeitstufe: Gegenwart

Folienbild:

Sachinformation:

Kormoran = Seerabe
großer, dunkler, langschnäbeliger Ruderfüßer,
gänsegroß, weißwangig,
rund 30 Arten, weltweit verbreitet,
leben an Gewässern jeder Art,
ernähren sich schwimmtauchend von Fischen,
Nester kolonieweise auf Felsen oder Bäumen

Plakat: Zusammenstellung von Formulierungen

So kannst du deine Meinung ausdrücken:

Ich meine, dass ...
Ich denke, dass ...
Ich glaube, dass ...
Ich bin der Meinung, dass ...
Meiner Meinung nach ...
Für mein Dafürhalten ...
Ich bin der Ansicht, dass ...

So drückst du Zustimmung aus:

Ich stimme dir völlig zu.
Ich stimme dir insoweit zu, als ..
Ich bin ganz deiner Meinung.
Das findet meine Zustimmung.
Ich pflichte dir bei.
Ich heiße deine Meinung gut.
Deine Meinung findet meinen Beifall.
Ich billige deine Meinung.
Ich halte deine Meinung für richtig, gut.

So drückst du Ablehnung aus:

Ich stimme dir nicht zu.
Ich kann dir nicht zustimmen, weil ...
Ich bin ganz anderer Meinung.
Ganz im Gegenteil denke ich, dass ...
Ich muss dir entgegenhalten, dass ...
Ich muss dir widersprechen.
Das will ich nicht akzeptieren.

Sollen die Kormorane abgeschossen werden

(Aufbau- und Formulierungshilfen)

Einleitung:
Sachinformation zum Kormoran
Wunsch der Fischer: Kormorane zum Abschuss freizugeben

Darstellung der Gründe für und gegen einen Abschuss

Mögliche Formulierungen:
Für (gegen) den Abschuss spricht ...
Ein Grund für (gegen) den Abschuss besteht darin ...
Den Abschuss (Erhalt) kann man damit begründen, dass ...

Gründe für die Freigabe zum Abschuss:

____

Gründe gegen die Freigabe zum Abschuss:

____

Schluss:
Zusammenfassung und Darstellung der eigenen Meinung
Mögliche Formulierung: Zusammenfassend meine ich, dass ...
Insgesamt gesehen bin ich der Meinung, dass ...
Alles in allem denke ich, dass ...

Lerninhalt: Überarbeiten von Texten in einer Schreibkonferenz

Kurzer Unterrichtsverlauf

Hinführung: st. Impuls: Folienbild (S.142)
ZA: Schreibkonferenzen dienen dazu, deinen Text zu überarbeiten.
Wie das genau geht, werden wir uns heute ansehen.
Hauptteil:
1.TZ: Vorgehen bei einer Schreibkonferenz
L: Anhand des Bildes kannst du dir vielleicht vorstellen, wie so eine Schreibkonferenz ablaufen soll. - S-Vermut., anschl. gemeinsame Erarbeitung im UG:
Gruppen bilden, Text in der Gesamtheit vorlesen, gut zuhören, erstes Nachfragen und Verbesserungsvorschläge, Lesen des Textes in Abschnitten, genaue Überarbeitung hinsichtlich der Merkmale der Textart, rechtschriftliche Überarbeitung (Wörterbuch, Rechtschreibprogramm)
2.TZ: Besprechen des Textes - Wie geht das?
L: Du weißt, wie eine Geschichte aufgebaut sein muss und wie sie spannend wird.
Wdhg. des erworbenen Wissens, vergl. Zusammenstell. der Tipps in Form von Fragen (S.143f)
L: Diese Tipps helfen bei der Besprechung des Textes. Überlege z.B.: Macht die Überschrift neugierig? Enthält die Geschichte wörtliche Reden? usw.
L: Denke aber daran: Lob ist wichtiger als Kritik. Wie aber können wir unsere Meinung formulieren ohne den anderen zu verletzen. Besprich dich dazu in der Gruppe.
GA - Auswertung: L notiert gute Formulierungen an TA
3.TZ: Kennenlernen wichtiger Korrekturzeichen
L: In einer Schreibkonferenz werden Texte nur besprochen; überarbeitet und verbessert werden sie dann im Anschluss von jedem selbst. Damit du dir die Verbesserungsvorschläge merken kannst, kannst du Korrekturzeichen verwenden. Du kennst schon einige aus meinen Korrekturen.
S-Äuß., Zusammenstellung an TA
Erstes Ausprobieren: Schreibkonferenzen zu einer zuvor geschriebenen kurzen Geschichte

Tafelbild

Wir überarbeiten Texte in einer Schreibkonferenz.

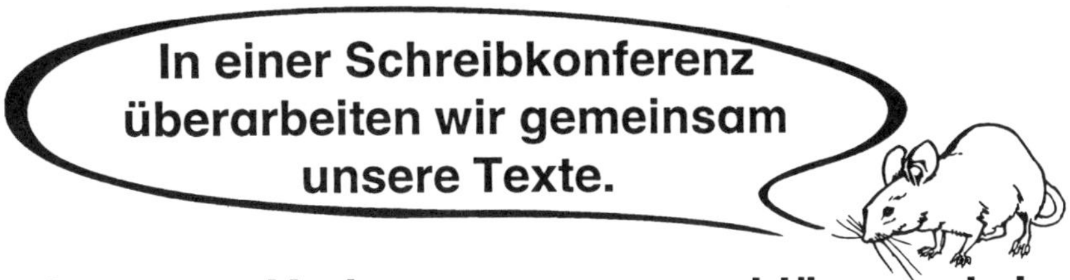

So können wir unsere Verbesserungsvorschläge vorbringen:

Ich finde gut, dass du ...
An deiner Geschichte gefällt mir ...
Mir ist aufgefallen, dass ...
Mir hat gut gefallen, ...
Eine tolle Geschichte, aber ...
Das solltest du vielleicht ändern.
Meiner Meinung nach würde ... besser passen.
Ich habe die eine Stelle mit ... nicht so gut verstanden. Vielleicht könntest du ...

Wichtige Korrekturzeichen und ihre Bedeutung

R (Rechtschreibung, schreibe das Wort richtig) , Sz (Satzzeichenfehler)
Z (Zeitfehler, verwende die richtige Zeitform)
W (Wiederholung, nimm ein anderes Wort dafür)
A (Ausdruck, suche ein treffenderes Wort)
1,2,3 (Ändere die Reihenfolge der Wörter / Sätze)
V (Auslassungszeichen, füge das fehlende Wort ein)

Folienbild

Schreibkonferenz

Wir verbessern eine Erzählung. Diese Fragen helfen dir dabei.

- Macht die **Überschrift** neugierig? Verrät sie auch nicht zu viel?
- Hat die Geschichte drei Teile: **Einleitung - Hauptteil - Schluss**?
- Wurde der **Spannungsbogen** beachtet und der **Höhepunkt** besonders anschaulich ausgeschmückt?
- Enthält die Geschichte **Ausrufesätze** und **Fragesätze**?
- Wurden **wörtliche Reden** eingebaut und wurde auf **Begleitsätze** geachtet?
  Wurde auch an die **richtige Zeichensetzung** gedacht?
- Wurden **Gedanken** und **Gefühle** beschrieben?
- Wurde im Ausdruck **abgewechselt**? Wurden **Wiederholungen**, insbesondere die Wörter „**dann**" und „**sagen**", vermieden?
- Wurde an **verschiedene Satzanfänge** gedacht, z.B. zuerst, plötzlich, auf einmal, schließlich...?
- Wurden **spannende Tunwörter und Wiewörter** verwendet?
- Wurde die **Zeitstufe der ersten Vergangenheit** eingehalten?

Auf das musst du bei einem Brief besonders achten:

- Sind die **Anredefürwörter** richtig geschrieben?
- Stimmen **Anredeformel** und **Grußformel** überein?
- Wurde der **Adressat** mit dem Inhalt angesprochen?
  Wurde auf ihn eingegangen?

Wir verbessern einen Sachtext. Diese Fragen helfen dir dabei.

- Steht in der **Einleitung** kurz, worüber informiert wird?
- Wurde die **Reihenfolge** beachtet?
- Wurde insgesamt auf **Genauigkeit** und **Sachkundigkeit**, sowie auf einen wohl überlegten und **sachgerechten Aufbau** geachtet?
- Sind alle **wichtigen Informationen** enthalten, wurden **überflüssige Informationen** weggelassen?
- Wurde **sachlich** geschrieben? Wurden Gefühle, Gedanken, wörtliche Reden weggelassen?
- Sind die Sätze **kurz, übersichtlich und verständlich?**
- Ist die Sprache **klar und präzise**? Wurden **Fachbegriffe** verwendet?
- Erleichtern **treffende Wiewörter (Adjektive)** die Vorstellung?
- Wurden **treffende Tunwörter (Verben)** verwendet?
  Wurden Wörter wie „**ist**“ (sein) und „**hat**“ (haben) vermieden?
- Wurde an **verschiedene Satzanfänge** gedacht, z.B. zuerst, darauf, nun, anschließend, zuletzt ...?
- Wurde auf die richtige Schreibzeit, die **Gegenwart**, geachtet?
- Ist ein **kurzer Schlussgedanke** passend zum **Inhalt** enthalten?
- Wurde auf die **Rechtschreibung** geachtet?

Methodische Hinweise

Die Rechtschreibsequenzen dieses Bandes orientieren sich inhaltlich am HSU-Lehrplan. Sie decken den Grundwortschatz nicht komplett ab, sondern müssen durch die Behandlung orthographischer Regeln ergänzt werden. Die Wiederholung von Wörtern ist beabsichtigt und inhaltlich bedingt.

Alle Diktattexte lassen sich auch als Informationsmaterial für HSU verwenden.

Bei der Vorstellung der **Lernfelder** ist eine Systematisierung nach Mitsprech-, Nachdenk- und Merkwörtern notwendig. Die Aufgaben zielen auf das Einüben des Grundwortschatzes und die Anwendung des Gelernten beim Schreiben freier Texte ab.

Die **Kurzdiktate** sind zur Übung an fünf aufeinander folgenden Tagen gedacht. Die Korrektur erfolgt in einer Rechtschreibkonferenz, bei der den Schülern jeder Gruppe Hilfsmittel wie Wörterbuch, Lernfeld, Computer usw. zur Verfügung stehen und eine eigenverantwortliche Reflexion der Rechtschreibleistung ermöglichen. Die **Laufdiktate** eignen sich ebenso wie die Kurzdiktate als Infotexte für HSU. Der Schüler prägt sich den Satz und die Rechtschreibbesonderheit ein und schreibt auswendig auf (Gedächtnis- und Konzentrationsschulung). Die endgültige Korrektur kann durch den Lehrer erfolgen.

Faltdiktate (Blatt falten!) sind eine Alternative zu herkömmlichen Diktaten und können in Partnerarbeit erstellt werden. Zwei Schüler schreiben zusammen ein Diktat: Schüler A diktiert, Schüler B schreibt, bzw. umgekehrt. Entdeckt der diktierende Schüler einen Fehler, so kann er „Stopp" sagen und seinen Partner berichtigen. Ziel ist das fehlerlose Schreiben eines Textes einerseits und das Erkennen von Fehlern in einem Text andererseits.

Die Texte des Faltdiktats und des **Diktats** sind identisch. Das Diktat als Ganztext kann zur abschließenden Korrektur des Faltdiktats an die Schüler ausgegeben werden, oder aber als benotetes Diktat verwendet werden, das zur Leistungsbeurteilung herangezogen wird.

Der Intention des neuen Lehrplans entsprechen die **Lernzielkontrollen „Bist du fit?"**. Auf eine Bepunktung wurde verzichtet, um dem Lehrer eine eigene Gewichtung der einzelnen Aufgaben zu ermöglichen.

Festzustellen bleibt, dass der Einsatz des Lernfeldes, der Diktattexte und der Lernzielkontrollen je nach methodischem Konzept vielfältige Variationen ermöglicht.

Inhaltsübersicht

Rechtschreiben nach Lernfeldern z. Sachunterricht 4.
Nr. 589 *132 Seiten* € 19,50

Rechtschreibstrategien in der Grundschule 3./4.
Nr. 521 *174 Seiten* € 21,90

Übungs- und Diktattexte zum GWS 3./4.
Nr. 528 *158 Seiten* € 20,50

Schildere das Marktleben im Mittelalter (Stichpunkte!).

Was taten folgende Personen am Markt (Stichpunkte!)?
Stadtbüttel:
Ausrufer:
Gaukler:
Bettler:

Beschrifte die angegebenen Teile einer Burg und nenne mindestens sechs weitere Teile.

1
2
3
4
5
6
7
8
9

Erkläre folgende Burgteile (Stichpunkte!).
Bergfried:
Gesindehaus:
Zwinger:

Inhaltsverzeichnis:

Lernzielkontrollen HSU 4
Nr. 531 *152 Seiten* €20,90

Deutsch

kompakt

294 **3. Schuljahr Bd. I**
Texte verfassen, 122 S. ✍ **18,50**
295 **3. Schuljahr Bd. II**
Richtig schreiben, 122 S. ✍ **18,50**
296 **3. Schuljahr Bd. III**
Lesen/Literatur begegnen 108 S. ✍ **17,50**
459 **3. Schuljahr Bd. IV**
Sprache untersuchen, 116 S. ✍ **18,50**
971 **4. Schuljahr Bd. I**
Texte verfassen, 123 S. ✍ **18,50**
972 **4. Schuljahr Bd. II**
Richtig schreiben, 146 S. ✍ **20,50**
973 **4. Schuljahr Bd. III**
Lesen/Literatur begegnen 128 S. ✍ **18,90**
460 **4. Schuljahr Bd. IV**
Sprache untersuchen 119 S. ✍ **18,50**

Rechtschreiben

990 **Mein Rechtschreibregelheft**
geordnet nach Rechtschreibfällen mit lustigen Lernspielen, DIN A4, 32 S. ✍ **4,90**
528 **Übungs- und Diktattexte zum Grundwortschatz 3./4.** ✍ **20,50**
158 Seiten
545 **Meine Wörterwerkstatt mit Wortbausteinen 3./4.**, *66 S.* ✍ **14,50**
589 **Rechtschreiben nach Lernfeldern zum Sachunterricht**, *132 S.* ✍ **19,50**

521 **Rechtschreibstrategien in der Grundschule**, *174 S.* ✍ **21,90**

Die lustige Rechtschreibkartei UP

877 **3. Schuljahr** *110 S., DINA5* $ ✍ **9,90**
044 **4. Schuljahr** *110 S., DINA5* $ ✍ **9,90**
544 **Kleines Einmaleins zum richtigen Schreiben 3./4.**, *88S.*, **A5 quer** ✍ **14,50**

Grundwortschatz-Schülerhefte

536 **Mein Grundwortschatz 3./4.**
in vereinfachter Ausgangsschrift, *64 S.* ✍ **3,90**
769 **Mein Wörterlexikon i. d. Grundschule**
96 S., DIN A5 ✍ **5,90**
546 **Meine Wörterliste für die GS** *20 S.* ✍ **2,50**

Aufsatzerziehung

587 **Erfolgreich und kreativ durch alle Aufsatzarten**, *144 S.* ✍ **20,50**
836 **So schreibe ich spannende Geschichten 3./4. Schuljahr**, *104 S.* ✍ **17,90**
843 **Kreatives Schreiben, 3./4. Schuljahr** ✍ **15,50**
983 **Spielen mit Sprache macht Spaß**
78 S. Kartei DIN A5 ✍ **13,90**
522 **Aufsatzkorrektur - leicht gemacht** ✍ **19,50**
Praktische Hilfen zur gerechten Bewertung, 132 S.

Aufsatz/Kopierhefte

076 **Band I, Erleben und Erzählen**
88 S., 51 KV ✍ **16,50**
078 **Band III, Überlegen und Begründen**
68 S., 37 KV $ **6,90**

$ = Sonderpreistitel

Literatur/Lesen

763 **Kinder- u. Jugendliteratur lesen und erleben, 3./4. Schuljahr**, *144 S.* $ **8,90**
097 **Phantasiegeschichten, 3./4. Schuljahr**
Texte z. Kreativität u. Meditation, 56 S. $ **4,90**
764 **2.-4. Schuljahr, Spannende Geschichten zum Sachunterricht**
z. Lesen, Vorlesen u. Nacherzählen, 64 S. $ **4,90**

Kopierhefte

352 **Lesefreude mit Legenden und Sagen** *56 S.* ✍ **12,90**
353 **Lesefreude mit Lachgeschichten und Schwänken** *52 S.* ✍ **12,90**
969 **Lass dir Zeit** *90 S.* $ ✍ **6,90**
Geschichten von Michael Ende
354 **Minikrimis, 3./4. Schuljahr**
Detektive sind Benni, Lu u. du, 46 S. ✍ **11,90**
394 **Die Leseschatztruhe 3** ✍ **i.V.**
395 **Die Leseschatztruhe 4** ✍ **18,50**

520 **Textknacker 3** *112 S.* ✍ **18,50**
524 **Textknacker 4** *144 S.* ✍ **20,50**
079 **Lesen mit Lust 3** *64 S.* $ **6,90**
080 **Lesen mit Lust 4** *64 S.* $ **6,90**
358 **Mit viel Spaß fit im Lesen 3./4.** *46 S.* ✍ **11,90**

Fremdsprachen

962 **Französisch i. d. Grundsch.**, *104 S.* **15,50**
963 **Englisch kompakt 3./4.**, *137 S.* **19,50**
028 **CD zu Englisch kompakt** **19,90**
588 **English for kids**, *112 S.* **18,90**

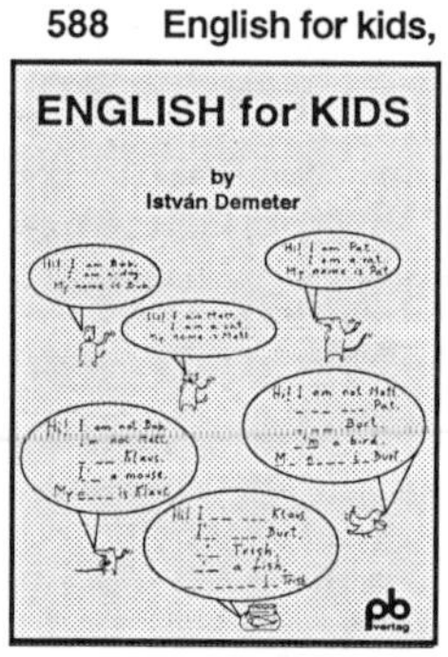

567 **Englisch in der Grundschule**, *128 S.* **18,90**
Spracherlebnis mit Ergebnis
974 **Ready, steady, go**
Spielekartei Englisch 110 S. **15,50**

Heimat- und Sachunterricht

Stundenbilder

743 **3./4. Schuljahr Bd. I** *138 S.* $ ✍ **8,90**
744 **3./4. Schuljahr Bd. II** *108 S.* $ ✍ **8,90**
738 **4. Schuljahr Band I** *136 S.* $ ✍ **8,90**

Lernzielkontrollen/Proben

797 **3. Schuljahr**, *64 S.* $ ✍ **9,90**
798 **4. Schuljahr**, *64 S.* $ ✍ **9,90**

Umwelterziehung/Stundenbilder

255 **Umwelterziehung, 4.-6. Schj.** $ **4,90**

Lernzielkontrollen in Bausteinen

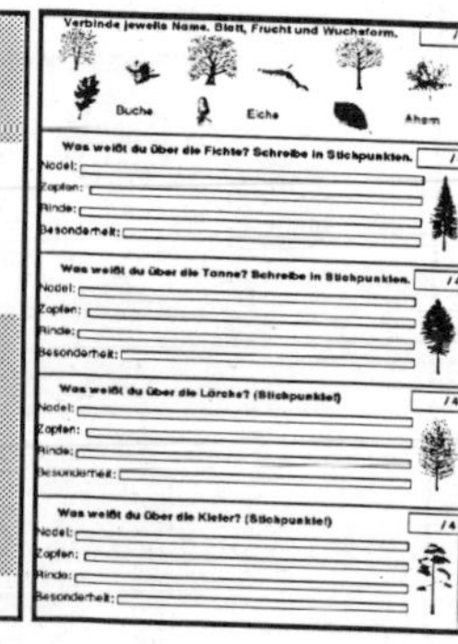

530 **HSU 3. Schuljahr**, *134 S.* ✍ **19,90**
531 **HSU 4. Schuljahr**, *152 S.* ✍ **20,90**

Verkehrserziehung

186 **3./4. Schuljahr**, *98 S.* ✍ **16,90**

Sexualerziehung

590 **Sexualerziehung und Präventionsarbeit in der Grundschule**, *96 S.* ✍ **17,50**

Kopierhefte mit Pfiff

725 **3. Schuljahr Band I**, *78 S.* ✍ **14,90**
726 **3. Schuljahr Band II**, *80 S.* ✍ **14,90**
727 **4. Schuljahr Band I**, *64 S.* ✍ **13,90**
728 **4. Schuljahr Band II**, *64 S.* ✍ **13,90**

HSU kompakt

274 **HSU kompakt 3 Bd. I** *140 S.* ✍ **19.90**
275 **HSU kompakt 3 Bd. II** *140 S.* ✍ **19,90**
276 **HSU kompakt 4 Bd. I** *148 S.* ✍ **20,50**
277 **HSU kompakt 4 Bd. II** *154 S.* ✍ **20,90**

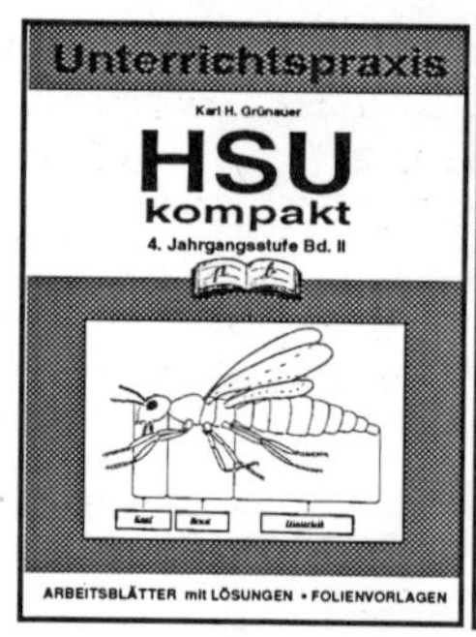

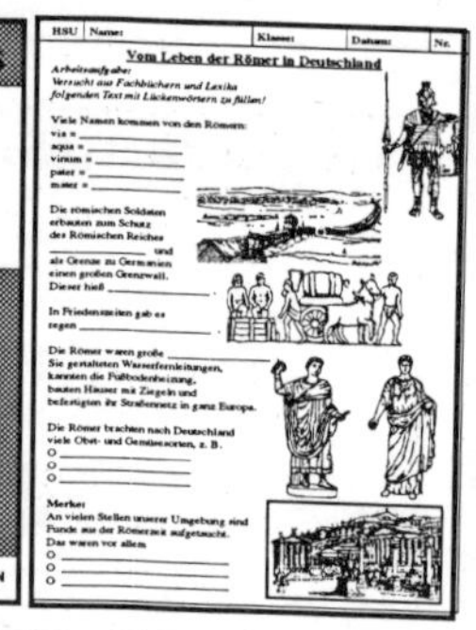

Projektunterricht

993 **Projektideen zum Sachunterricht** *64 S.* ✍ **13,90**
287 **Unser eigenes Thema 3./4** *70 S.* ✍ **14,90**

Rund ums Jahr
Feste und Gedenktage

364 **Frühling u. Sommer, Bd. I**, *120 S.* ✍ **16,90**
365 **Herbst u. Winter, Bd. II**, *120 S.* ✍ **16,90**

Brauchtum 2.-4. Schuljahr

170 **Brauchtum und Feste im (Kirchen-) Jahr, Band II**, *122 S.* **14,90**
Vom Fasching bis zu den Sommerferientagen,

Religion kompakt

977 **3. Schuljahr**, *150 S.* ✍ **20,50**
156 **4. Schuljahr**, *140 S.* ✍ **19,90**

Ethik

264 **3. Schuljahr**, *140 S.* ✍ **19,90**
265 **4. Schuljahr**, *144 S.* ✍ **19,90**
794 **Kurzgeschichten zum Ethikunterricht 3./4. Schuljahr** $ **4,90**
44 Themenvorschläge, Denkanstöße und Diskussionsschwerpunkte, 50 S.

✍ = Neue Rechtschreibung